改訂版
**Revised Edition**

ask
PUBLISHING

# はじめに Introduction

　この本は、日本語能力試験のN1に対応した文法の問題集で、ABK（公益財団法人 アジア学生文化協会）の30年の日本語教育の経験を生かして、学内で使いながら作られたものです。日本語を勉強している皆さんが、文法をきちんと整理して、日本語が上手に使えるようになることを願って作りました。

　文法は「聞く・話す・読む・書く」の基礎になるものです。この本では次のプロセスで勉強が進められるように工夫しました。

　1．実際にその文法がどのように使われているかを知る。
　2．基本的な練習で使い慣れる。
　3．まとめの問題で話を聞いたり日本語の文章を読んだりする運用練習をする。

　まとめの問題は日本語能力試験の出題形式に合わせてありますので、試験を受ける皆さんは、この本1冊で文法対策と読解、聴解の試験の練習ができるようになっています。

　「TRY!」という名前には、気軽にやってみようという意味と、ラグビーのトライのようにがんばったことが得点につながるという意味を込めました。皆さんがこの本で勉強して、日本語能力試験N1に合格し、さらに日本語を使って楽しく自己表現ができるようになりますよう、お祈りしています。

This book, a collection of grammar questions for level N1 of the Japanese-Language Proficiency Test, is the product of 30 years of experience at the Japanese Language Institute of the Asian Students Cultural Association (ABK). The material in this book was developed from the courses at the Institute. We produced this book in the hope that all of you studying Japanese will obtain a clear understanding of its grammar and become skilled at using the language.

Grammar is the foundation of listening, speaking, reading and writing. We have designed this book so that you can proceed with your studies by going through the following process:

1. Know how this grammar is actually used;
2. Become accustomed to using it by practicing the fundamentals;
3. Practice applying the grammar in review questions that involve listening to and reading Japanese.

The review questions follow the same format as those that appear in the Japanese-Language Proficiency Test. This means that takers of the test can study grammar strategies and practice reading comprehension and listening test questions all in this one book.

We gave this book the title "TRY!" to encourage you to give Japanese a try, as well as to say that trying your best can bring rewards, like a "try" in rugby. We hope that you will use this book to study for and pass level N1 of the Japanese-Language Proficiency Test and that you will be able to further enjoy using the Japanese language to express yourself.

2014年4月　著者一同
The Authors
April 2014

# この本をお使いになる皆さんへ
## To Learners Using this Book

この本は、本冊、別冊「答え・スクリプト」とCD 1枚があります。
This book comprises the main text, the "Answers & Scripts" supplement and a CD.

## 1. 本冊　Main Text

全部で10章に分かれており、それぞれ次のような構成になっています。
This book is divided into 10 chapters, each arranged in the following structure.

## 各章の構成　Chapter Structure

### 1）できること　Can Do

その章を学習すると、何ができるようになるかが書いてあります。
This states what you will be able to do by studying the chapter.

### 2）見本文　Sample Text

その章で勉強する文法項目が、実際にどのように使われているかわかるような文章になっています。1つの章が(1)(2)…のように分かれている場合もありますが、ストーリーはつながっています。勉強する文法項目は、すぐわかるように太字で書いてあります。
Each chapter is written so that you will understand how the grammar points it covers are actually used in real life. A chapter may be divided into two parts, but the story will be continuous. Grammar points to study are written in bold so you can find them easily.

### 3）文法項目　Grammar Points

その章で勉強する項目を順番に並べてあります。探すときに便利なように、1章から10章まで通し番号になっています。それぞれの中には、使い方、接続、例文、補足説明、練習問題などがあります（くわしい内容は☞p.6）。
This is a list of grammar points you will study in the chapter, presented in order. The grammar points appear in chapters 1 through 10, and each one is numbered serially to facilitate future reference. Within each grammar point, you will find information on how to use and combine it with other parts of speech, sample sentences, supplementary explanations, practice questions and more. (For more information: ☞p.6)

### 4）Check

各章の(1)(2)(3)の最後に、それぞれ簡単な練習問題があります。ここで、学習した文法項目がわかるかどうかチェックします。間違えたら、その項目のところに戻ってもう一度確認しましょう。
There are simple practice questions after (1), (2) and (3) in each chapter. Use these to check your understanding of the grammar points you learned about. If you make a mistake, go back to that point and check it again.

## 5）まとめの問題　Review Questions

　その章で勉強した文法を中心にした、文法、読解、聴解の問題です。日本語能力試験の出題形式に合わせた形になっていますから、文法項目の再確認をしながら、試験対策ができます。

These questions test you on grammar, reading comprehension and listening related to the grammar you studied in the chapter. They follow the same format as the questions that appear in the Japanese-Language Proficiency Test, so you can prep for the test as you review the grammar points.

## 2.　別冊　Supplement

　1）「やってみよう！」「Check」の答え
Answers for the "Try It Out!" and "Check" sections

　2）「まとめの問題」の答え・スクリプト
Answers and scripts for "Review Questions"

## 3.　CD

「見本文」と、「まとめの問題」の聴解問題の音声
Listening exercise audio for "Sample Sentences" and "Review Questions".

※本書の音声はPC、スマートフォンでもダウンロードできます。
　Audio files for this book are available for download on your PC and smartphone.
　くわしくは下記HPへ。
　Please see the site below for details.

**https://www.ask-support.com/japanese/**

## 4.　公式サイト　Official Site

**http://www.ask-books.com/jlpt-try/**

　本冊で使われている言葉の「語彙リスト」があります。語彙リストには、英語の訳がついています。ダウンロードして使ってください。

You can find the "Vocabulary List" for the words used in the main text. The Vocabulary List has English translations. Feel free to download it.

# 〈文法項目の中にあるもの〉 Inside the Grammar Points

### ★★★

　文法項目の右端に、★のマークがあります。★が多いほど、重要な項目という意味です。★は理解できればいい項目なので、基本的に練習問題はありません。まとめの問題にも入っていないものがあります。

You will see stars (★) to the right of a grammar point. The more stars you see, the more important that point is. Simply understanding a starred grammar point is enough; they generally do not come up in practice questions. Some do not appear in Review Questions, either.

### 使う場面のマーク　When-to-Use Marks

 友だちや家族など、身近な人とおしゃべりをするときに使われる表現です。
This expression is used when talking to friends, family members or other familiar people.

 友だちや家族とおしゃべりをするときには使われない、硬い表現です。
This expression is formal and not used when talking to friends or family members.

 対象を高く評価したり、一般的に評価が高いことを認めたりするときに使われる表現です。
This expression is used when you highly praise the topic of the conversation or when you acknowledge that something is generally held in high regard.

 後悔や残念な気持ちを表したり、相手を批判したりするときに使われる表現です。
This expresses regret or disappointment, and is used when criticizing another person.

## どう使う？

### １．使い方の説明　Usage Explanation

　どんなことを言いたいときに使うか、どんな気持ちで使うかが書いてあります。英語の翻訳もついています。

This will tell you when you can use the grammar point depending on what you want to say, as well as what nuance it carries. There is also an accompanying English translation.

### ２．接続の説明　Explanation on Combining with Other Parts of Speech

　どんな品詞のどんな形のものと一緒に使われるか、記号を使って示しました。

　　例： **N** ＋ で

接続については使用頻度を考慮して、あまり使われていない形は載せていません。

　＊は、接続で気をつけることです。

This section uses symbols to show you how you can use other parts of speech with the grammar point and in what form. Example: **N** ＋ で

As for conjunctions, we consider frequency of use and do not list forms that are rarely used.

＊ indicates a point to remember when combining with other parts of speech.

3. 例文　Sample Sentences

①②のように番号がついています。例文は日常生活でよく使われるものを選びました。理解の助けになるように一部イラストをつけました。また、🔗のマークは、慣用的（かんようてき）に使われる表現を表します。

Sentences are numbered ①, ②, and so on. We have selected sentences for the samples that are often used in everyday life. Some are accompanied by illustrations to help you understand. The mark 🔗 means the sentence contains an idiomatic expression.

## やってみよう！

その文法項目（こうもく）を確認するための練習問題です。「どう使う？」と例文で勉強したことができるかどうか、実際に問題に答える形でチェックしてみてください。

This section contains practice questions to reinforce the grammar point. Check your understanding of what you learned in the "How to Use" section and the Sample Sentences by answering these questions.

他の言葉との使い方の違いや追加で説明が必要なことなどが書いてあります。練習が必要なものは「やってみよう！」がついています。

This section contains information such as differences in the use of other words / expressions or matters requiring further explanation. Points that require further practice also come with a "Try It Out!" section.

## ➕ Plus

違う言葉で、同じような意味で使われるものが書いてあります。練習が必要なものは「やってみよう！」がついています。

This section contains ways to express similar meanings but with different words. Points that require further practice also come with a " Iry It Out!" section.

☞
その文法項目（こうもく）と関係がある項目（こうもく）があるときは、参照（さんしょう）ページが書いてあります。
This symbol will direct you to other related grammar points.

## 〈品詞と活用形のマーク〉 Parts of Speech and Conjugation Marks

### 1）品詞 Part of Speech

| | | | |
|---|---|---|---|
| 名詞 | Nouns | Ⓝ | えんぴつ、日本語、病気 |
| い形容詞 | いadjectives | いⒶ | 大きい、小さい、おいしい |
| な形容詞 | なadjectives | なⒶ | 元気、便利、しずか |
| 動詞 | Verbs | Ⓥ | 行く、食べる、勉強する |

### 2）動詞の活用形 Verb conjugation

| | | | |
|---|---|---|---|
| ます形 | ますform | V－ます | 行きます |
| 辞書形 | Dictionary form | V－る | 行く |
| て形 | てform | V－て | 行って |
| た形 | たform | V－た | 行った |
| ない形 | ないform | V－ない | 行かない |
| 動詞の普通形 | Plain form of verbs | V-PI | 行く・行かない・行った・行かなかった |
| 可能形 | Potential form | V－できる | 行ける |
| 受身形 | Passive form | V－られる | 行かれる |
| 使役形 | Causative form | V－させる | 行かせる |
| 意向形 | Volitional form | V－よう | 行こう |
| 条件形 | Conditional form | V－ば | 行けば |

### 3）普通形・丁寧形 Plain form & Polite form

普通形 Plain form  PI

| 動詞<br>Verb | 行く<br>行かない<br>行った<br>行かなかった | い形容詞<br>いadjective | 大きい<br>大きくない<br>大きかった<br>大きくなかった |
|---|---|---|---|
| な形容詞<br>なadjective | 元気だ<br>元気じゃない／元気ではない<br>元気だった<br>元気じゃなかった<br>　／元気ではなかった | 名詞<br>Noun | 病気だ<br>病気じゃない／病気ではない<br>病気だった<br>病気じゃなかった<br>　／病気ではなかった |

丁寧形 Polite form **Po**

| 動詞<br>Verb | 行きます<br>行きません<br>行きました<br>行きませんでした | い形容詞<br>い adjective | 大きいです<br>大きくないです<br>　／大きくありません<br>大きかったです<br>大きくなかったです<br>　／大きくありませんでした |
|---|---|---|---|
| な形容詞<br>な adjective | 元気です<br>元気じゃないです*<br>　／元気じゃありません*<br>元気でした<br>元気じゃなかったです*<br>　／元気じゃありませんでした* | 名詞<br>Noun | 病気です<br>病気じゃないです*<br>　／病気じゃありません*<br>病気でした<br>病気じゃなかったです*<br>　／病気じゃありませんでした* |

## 〈接続の示し方〉 Presentation of Parts of Speech Combinations

それぞれの文法項目は、次のように表します。

Each grammar point is presented in the following manner:

例）

| V-て ＋ ください | 食べてください |
|---|---|
| V-ます ＋ たい | 会いたい |
| V-ない ＋ ないでください | 行かないでください |
| いA̶い̶く | 大きく |
| なA な | しずかな |
| なA なに | しずかに |
| PI ＋ んです<br>［ なA だな　N だな ］ | 行くんです　　　　行かないんです<br>行ったんです　　　行かなかったんです<br>大きいんです　　　大きくないんです<br>大きかったんです　大きくなかったんです<br>元気なんです　　　元気じゃないんです*<br>元気だったんです　元気じゃなかったんです*<br>病気なんです　　　病気じゃないんです*<br>病気だったんです　病気じゃなかったんです* |
| PI ＋ ら<br>［過去形だけ］ | 行ったら　　　　行かなかったら<br>大きかったら　大きくなかったら<br>元気だったら　元気じゃなかったら*<br>病気だったら　病気じゃなかったら* |

＊な形容詞・名詞の「じゃ」は、論文などを書くときは「では」が使われる。

9

# この本をお使いになる先生方へ

　この本をお使いくださり、ありがとうございます。本書の目指すところは、日常生活の様々な場面で、具体的に日本語がどのように使われているかを目で見て、感じて、それを踏まえて文法を学ぶことです。それによって、会話やスピーチ、読解の中で使われている文法項目に自然になじみ、日本語能力試験への対応も、スムーズに進むと思います。さらに発話や作文などの自己表現にも応用できるようになると信じています。

　近年、インターネットの普及に伴って、海外の学習者も生の日本語に直に触れる機会が増え、自然な日本語の習得に一役買っていることは確かです。運用を重視するという日本語教育の流れの中で、文法の位置づけも変わってきているように思います。

　しかし、基礎の枠組みとしての文法をきちんと把握することは、日本語の運用にとって非常に重要です。また、相手との位置関係、使用場面にふさわしい日本語を意識することもとても大切だと考えます。

　以上の点から、本書の見本文では下の表のような多様なタイプの設定をしました。その中でも語彙については生活上汎用性のあるもの、使用頻度の高いものを使うようにしています。

| 章 | タイトル | 見本文のタイプ |
|---|---|---|
| 1 | ニュースを読む<br>オクトーバーフェスト | ニュース |
| 2 | スピーチを聞く<br>産業医を増やそう | スピーチ |
| 3 | 昔話を読む<br>飯食わぬ女房 | 昔話 |
| 4 | 実用書を読む<br>上司との付き合い方 | 実用書 |
| 5 | ドラマのシナリオを読む<br>転職 | ドラマのシナリオ |
| 6 | スピーチをする<br>研修を終えて | スピーチ |
| 7 | 社内で話す<br>さすが本田君 | 社内での会話 |
| 8 | 小説を読む<br>楽園の萌花 | 小説 |
| 9 | 講演を聞く<br>トリアージ | 講演 |
| 10 | 論説文を読む<br>前衛書道 | 論説文 |

　本校での実践の中でも見本文の効果は大きく、ことさら説明をしなくても、イメージで感じ取ってもらえると言われています。本書を使ってご指導される先生方にも、ぜひ学習者の方とともに見本文のストーリーを感じていただきたく存じます。

　本書につきまして、何かご意見などございましたら、どうぞお寄せくださいますよう、お願い申し上げます。

# もくじ CONTENTS

## ニュースを読む
## 1 オクトーバーフェスト　　　　　　　　16

## スピーチを聞く
## 2 産業医を増やそう　　　　　　　　　26

## 昔話を読む
## 3 飯食わぬ女房（1）　　　　　　　　　38

ドラマのシナリオを読む

# 5 転職（2） 82

ドラマのシナリオを読む

# 5 転職（3） 89

まとめの問題

スピーチをする

# 6 研修を終えて 98

まとめの問題

社内で話す

# 7 さすが本田君（1） 107

**7** <ruby>社内で話す<br>さすが本田君<rt>ほん だ</rt></ruby>（２）　　　　　　120

**8** <ruby>小説を読む<br>楽園の萌花<rt>らくえん もえ か</rt></ruby>（１）　　　　　　129

**8** <ruby>小説を読む<br>楽園の萌花<rt>らくえん もえ か</rt></ruby>（２）　　　　　　138

【別冊】　Supplement
答え・スクリプト　Answers & Scripts

# 1 オクトーバーフェスト

## できること

● イベントなどに関する記事を読んで、その特色や様子が理解できる。
  Read articles about events and the like, and understand its characteristics and the situation.

---

| ABK新聞 | 2010年9月20日 |

## ビールの祭典
## オクトーバーフェスト開幕 200周年
### ミュンヘン

18日、ドイツのミュンヘンで「オクトーバーフェスト」が開幕した。

この世界最大のビール祭りは、ミュンヘン市長による「樽開け」を皮切りに、16日間にわたって、42ヘクタール（東京ドーム約九個分）の敷地で繰り広げられる。さすが世界一のビールの本場とあって、毎年、各国から六〇〇万人以上の観光客が訪れている。

今年は、二〇〇周年という歴史的な節目にあたることから、二〇〇年前のお祭りムードを再現するヒストリーテントも特別に設置された。ノスタルジックな雰囲気の漂うテントの中では、連日バイエルン地方ならではのダンスやパレード、競馬がそれぞれ一日二回ずつ開催される予定になっており、例年にもまして、多くの集客が見込まれている。

「オクトーバーフェスト」といえば、もちろんビールがメインだが、ノンアルコール飲料のバーや、メリーゴーラウンドやジェットコースターのある移動遊園地なども開かれ、家族連れの姿も多く見られる。今やビール好きの大人はもとより小さな子どもに至るまで、あらゆる人々が楽しめる国際的なイベントとなっている。

日本から来たという観光客の一人は、「さすが、本場は雰囲気からして全く違う」と興奮気味に語っていた。

---

# 1 「樽開け」を皮切りに ★★

## どう使う？

「～を皮切りに」は「～から始まって、（次々に同じようなことが続く）」と言いたいときに使われる。盛んになったり、発展したりするときによく使われる。

"～を皮切りに" is used when you want to say "starting with ～, (the same thing will continue happening again and again)." This is often used when something gains force or develops.

V-る ／ V-た ＋ の
N
┐ + ┌ を皮切りに（して）
　　　　を皮切りとして

①中村監督の新作映画は、来月初旬にパリで行われる海外ロケを皮切りに、本格的な撮影に入る。

②今回のコンサートツアーは、名古屋で開催されるのを皮切りにして、全国20都市を回る予定です。

③彼は、この小説がベストセラーになったのを皮切りとして、次々と人気シリーズを生み出していった。

## やってみよう！

▶答え 別冊P. 1

1）四葉商事は、シンガポールに支店を出したの（a．を皮切りに　b．につれて）、世界各地に支店を増やしていった。

2）子どもの成長（a．を皮切りに　b．につれて）、教育費の負担が家計に重くのしかかる。

3）車椅子を使用する学生の入学（a．を皮切りに　b．をきっかけに）、校内移動をサポートする学生ボランティアが組織された。

4）青森ねぶた祭り（a．を皮切りに　b．をきっかけに）東北四大祭りが今年も行われる。

4）

## **2 ビールの本場とあって** ★★★

### どう使う？

「～とあって」は「特別な～なので、（普通と違う／他と違う状況になる）」と言いたいときに使われる。社会的な現象や客観的な事実について言うときに使う。

"～とあって" is used when you want to say "it's a special ～, (so the situation is different from normal / different from others)." Use it when you talk about a social phenomenon or objective facts.

**PI** ＋ とあって
［**なA**（だ）　**N**（だ）］

①今日は夏休み最初の日曜とあって、全国の海水浴場は多くの人でにぎわった。

②この物件は、静かで交通も便利とあって、入居希望者が殺到している。

③パンダの前足の形は大変珍しいとあって、遺伝学の研究対象として注目されている。

④あのダ・ヴィンチのモナリザが見られるとあって、開館前から長い列ができたという。

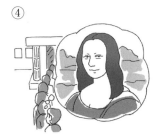

### やってみよう！

▶答え　別冊P. 1

１）有名なレストランのシェフが作った料理とあって、材料、味、見た目、全てが
　　（ a ．まあまあだった　 b ．ひどいものだった　 c ．素晴らしいものだった）。

２）突然、首相が辞意を表明したとあって、（ a ．マスコミは一斉に取材を開始した
　　 b ．本当かどうかニュースで確かめよう　 c ．首相は理由をはっきり言うべきだ）。


## **3 バイエルン地方ならではのダンス** ★★

### どう使う？

「AならではのB」は「～は他にはないAだけが持つ特別なもの（B）だ」と言いたいときに使われる。

"AならではのB" is used when you want to say "the ～ that only A has is a special thing (B)."

**N** ＋ ならではの ＋ **N**

＊「～は **N** ならではだ」の形も使われる。

①凍った湖の上でのスケートは、北国ならではの楽しい遊びだ。

②大企業にはない、中小企業ならではの良さについて考える。

③初詣は神社、結婚式は教会、葬式は寺でする人が珍しくないのは、宗教に寛容な日本ならではだと思う。

▶答え　別冊P. 1

### やってみよう！

1）これは専門店ならではの味と香りだ。

　　a．これは専門店でしか出せない独特の味と香りだ。

　　b．これは専門店ならどこでも似ている味と香りだ。

2）聖火リレーはオリンピックならではのものだ。

　　a．聖火リレーはオリンピックのときが特に素晴らしいものだ。

　　b．聖火リレーはオリンピックでしか見られない特別なものだ。

## 4　例年にもまして　★★

### どう使う？

「〜にもまして」は「〜以上に／〜もそうだがさらに」と言いたいときに使われる。

"〜にもまして" is used when you want to say "more than 〜 / 〜 has a certain level of something, plus more."

**N** ＋ にもまして

＊「いつ／だれ／どこ／何 ＋ にもまして」などの形も使われる。

①選挙を1週間後に控え、記者たちは普段にもまして忙しい。

②論文が国際的に評価されてから、彼は以前にもまして研究に打ち込んでいる。

③この山は桜の季節もいいが、それにもまして紅葉の頃が美しい。

④両親が私の言葉を信じてくれたことが、何にもましてありがたかった。

### やってみよう！

▶答え　別冊P. 1

1）サミット会場に向かう道路には、（a．今日　b．いつ）にもまして警官の姿が目立った。

2）環境に配慮した製品の開発は、（a．従来　b．将来）にもまして重要になっている。

3）キャプテンである君がチームの（a．何　b．誰）にもまして勝ちにこだわる姿勢を見せなければならない。

４）新しい駅ビルが完成して、駅周辺は（a．それ　b．前）にもましてにぎやかになった。

## 5　小さな子どもに至るまで　★★★

### どう使う？

「〜に至るまで」は「〜までの場所や時間などその範囲すべて」と言うときに使われる。「髪の毛１本に至るまで」「宇宙開発に至るまで」のように、「非常に細かいことや大きいことまで、範囲が広い」と言いたいときにも使われる。

"〜に至るまで" is used when you want to say "everything within the place, time or the like until 〜." As in "髪の毛１本に至るまで" and "宇宙開発に至るまで", it is also often used when you want to say "a wide range extending to extreme detail or largeness."

**N** ＋ に至るまで

①家を買うなら、床下から屋根に至るまで専門家に細か

くチェックしてもらったほうがいいですよ。

②この博物館では、明治時代から現在に至るまでのファッ

ションを展示している。

③彼は村上春樹の大ファンで、小説からコラムに至るま

ですべて目を通しているらしい。

④竹は、工芸品から衣類・食品に至るまでさまざまな製品に使われている。

④

「**V-る** ／ **N** ＋ に至る」は「〜という段階や状態に達する」という意味で使われる。

"**V-る** ／ **N** ＋ に至る" is used to mean "arrive at stage or situation 〜."

①彼は長年にわたって、サルからヒトに至るまでの進化の過程を研究している。

②このドキュメンタリーでは、１人の女性が日本初の介護靴を作るに至った経緯

を追った。

③社長は責任逃れの言い訳を繰り返していたが、事ここに至っては辞任するしか

ないだろう。🔗

### やってみよう！

▶答え　別冊P.1

1）当社は、電源プラグから宇宙開発用ロボットに至るまで、

（a．さまざまな　b．２つの）製品で、皆様に豊かな暮らしをご提案しております。

2）当スイミングスクールでは、幼児から学生、成人、選手育成に至るまで

（a．１人１人に合った指導を行っています　b．20年程度かかります）。

3）乳酸菌を利用したものは、キムチから整腸薬に至るまで

（a．非常に限られている　b．広範囲に及んでいる）。

☞　p.182　〜に至る／の至り

## **6　雰囲気からして**　★★

### どう使う？

「AからしてB」は「女優は歩き方からして美しい」のように、「A（歩き方）を一例としてすべてB（美しい）」と言いたいときに使う。Aには、まず気がついたこと、あるいは一番重要ではない部分を言う。また、Bの程度が極端なことを、Aを例にして言いたいときにも使われる。

As in " 女優は歩き方からして美しい ", use "AからしてB" when you want to say "it is extremely B（美しい）, especially with regards to A（歩き方）." For A, say something you have just noticed or something that is not the most important. In addition, this is also used when you want to say "B is to an extreme degree. The main reason for it is A."

**N + からして**

①有名デパートの店員は、言葉遣いからして丁寧だ。

②さすが元バレリーナ。立っている姿からして美しい。

③グルメの友人は、朝食のパンからして有名店のものを選ぶ。

④このパソコンは古すぎる。起動にかかる時間からして最新機種の３倍以上だ。

### やってみよう！

▶答え　別冊P.1

1）このホテルはロビー（a．からして　b．からすると）薄暗くてかび臭い。

2）懐石料理は、食器（a．からして　b．から見て）季節感を大切にしている。

3）彼は親戚から借金（a．からして　b．までして）会社設立の資金を集めた。

2）

☞　p.178　〜から

▶答え　別冊P. 1

1）1979年のウォークマンの発売 ＿＿＿＿＿＿＿＿＿、音
　　楽プレーヤーの小型化・多様化の競争が始まった。

2）盆栽はかつて日本 ＿＿＿＿＿＿＿＿＿ のものだった
　　が今は世界中でBONSAIとして知られている。

3）ファーストクラスって、席の広さ ＿＿＿＿＿＿＿＿＿
　　全然違うよね。

4）成人式 ＿＿＿＿＿＿＿＿ 華やかな振袖姿の女性が多く目につく。

5）彼はコートからTシャツ ＿＿＿＿＿＿＿＿ 全てクリーニング屋任せだ。

6）シリーズ最新作は前作 ＿＿＿＿＿＿＿＿ 激しいアクションシーン満載で
　　お届けします。

| とあって | に至るまで | を皮切りに | ならでは |
|---|---|---|---|
| にもまして | からして | | |

▶答え　別冊P. 8

**問題 1**　〈文法形式の判断〉

次の文の（　　　）に入れるのに最もよいものを、1・2・3・4から一つ選びなさい。

1　地元（じもと）チームの優勝パレード（　　　）、駅前の通りは見物客でごった返（がえ）している。

　　**1**　とあって　　　　　　　　　　　**2**　にもかかわらず

　　**3**　に至（いた）るまで　　　　　　　　　**4**　のあげく

2　今年は雨が少なく、例年（れいねん）（　　　）暑さが厳（きび）しい。

　　**1**　を皮切（かわき）りに　　**2**　に至（いた）るまで　　**3**　ならでは　　**4**　にもまして

3　そのドラマは3年間（　　　）放送された。

　　**1**　からして　　**2**　を皮切（かわき）りに　　**3**　に至（いた）って　　**4**　にわたって

4　最近の100円ショップは、お菓子（かし）やジュースはもちろん、家具や工具（こうぐ）（　　　）生活に必要なものは、ほとんどそろっている。

　　**1**　に至（いた）るまで　　**2**　とあって　　**3**　にもまして　　**4**　ならではの

5　石田（いしだ）さんのお宅、玄関（げんかん）の造（つく）り（　　　）普通の家とは全然違うね。

　　**1**　に至（いた）って　　**2**　ならでは　　**3**　とあって　　**4**　からして

6　合格したのに、手続きを忘れていた。事（こと）ここ（　　　）、もうどうすることもできない。

　　**1**　に至（いた）っても　　**2**　に至（いた）るまで　　**3**　に至（いた）る　　**4**　に至（いた）っては

7　満開（まんかい）の桜（さくら）の下、花見客のにぎわいは、日本の春（　　　）の光景と言えよう。

　　**1**　だらけ　　　　**2**　だけあって　　　**3**　ならでは　　　**4**　向け

**問題2** 〈文の組み立て〉

次の文の___★___に入る最もよいものを、1・2・3・4から一つ選びなさい。

1 石油は燃料としてはもちろん ___ ___ ___★___ ___ さまざまな
形で使われている。

**1** 衣類や化粧品 **2** 我々の **3** 生活に **4** に至るまで

2 話題の ___ ___ ___★___ ___ での公演が予定されている。

**1** 日本全国 **2** ミュージカルは

**3** 東京 **4** を皮切りとして

3 オリンピックの代表 ___ ___ ___★___ ___ 練習に励んでいる。

**1** に決まった **2** にもまして **3** 以前 **4** 田中選手は


**問題3** 〈文章の文法〉

次の文章を読んで、 1 から 4 の中に入る最もよいものを、1・2・3・4から一つ
選びなさい。

> 今回のゲームショーは業界最大級のイベント 1 、海外からも多くのゲーム愛
> 好者が参加する。9月20日からのこのショー 2 、各ゲーム会社は12月まで続く
> 年末商戦に突入する。
> 　初日のビジネスデーには、関係者がつめかける。翌日からの一般公開日も会場内は
> にぎやかだ。奇抜な衣装のコスプレイヤーから、孫の手を引くお年寄り 3 、さ
> まざまな人が訪れる。
> 　ゲーム大国日本 4 のこのイベントは、会場の設備やサービスにも趣向が凝ら
> されていて、飽きることがない。

1 **1** とあって **2** とともに **3** につれて **4** にしたがい

2 **1** に限り **2** を皮切りに **3** にしたがって **4** だけに

| 3 | **1** に至るまで | **2** のために | **3** にもまして | **4** さえ |

| 4 | **1** とあって | **2** ばかりか | **3** に至った | **4** ならでは |

**問題4** 〈聴解〉

まず話を聞いてください。それから、二つの質問を聞いて、それぞれ問題用紙の1から4の中から、最もよいものを一つ選んでください。

| 1 | **1** テレビで見られるから |
| | **2** 250年以上続いているから |
| | **3** 浴衣を着ている人が多いから |
| | **4** 船に乗れるから |

CD 03

| 2 | **1** 自宅 | **2** テレビ局 |
| | **3** 花火大会の会場 | **4** 船の中 |

# 2 産業医を増やそう

## できること

● 公的（こうてき）な立場の人のスピーチを聞いて、現状の説明と提言（ていげん）が理解できる。

Listen to a speech by a person with social standing and understand an explanation of the current situation and proposals.

さいわい市、市議会の皆様、市長の松本義男（まつもとよしお）です。今から「産業医※増員（ぞういん）３か年計画」についてお話しさせていただきます。

これは小規模事業所（しょうきぼじぎょうしょ）に対して産業医を置くために、市が補助（ほじょ）をする制度です。さいわい市には50人未満の事業所（じぎょうしょ）が多いのですが、この規模（きぼ）では産業医を選任（せんにん）しているのは全国平均で８％程度、さいわい市**に至（いた）っては**わずか５％です。つまり、市内の小規模事業所（しょうきぼじぎょうしょ）の95％に産業医がいない状況であります。

中小企業（ちゅうしょうきぎょう）**といえども**、労働者の健康に責任を持つべきなのは言うまでもないことです。発見が遅れ、病状（びょうじょう）が悪化（あっか）して休職（きゅうしょく）**を余儀（よぎ）なくされる**方（かた）も増えているのです。もはや一刻（いっこく）**たりとも**猶予（ゆうよ）はできません。

働き盛（ざか）りの人たちは仕事を重視（じゅうし）しすぎて、健康管理がおろそかになる**きらいがあります**。私（わたくし）たちは行政（ぎょうせい）の立場から、働く人の健康に対してもっと関心を持ち、さらにサポート体制を充実（じゅうじつ）させていく必要があります。

このようなことから、今回のご提案（ていあん）をさせていただく**次第（しだい）です**。

さいわい市は、市民の皆様のご協力や各方面の専門家の方々（かたがた）のご指導**をもって**、「住みたい町ベストテン」入りなど、多くの実績（じっせき）をあげて参りました。さらなる生活の充実（じゅうじつ）のために、３年以内に市内すべての事業所（じぎょうしょ）に産業医を配置（はいち）することを、目標としております。市民の皆様の笑顔**あっての**さいわい市です。３年後、私（わたくし）たちのさいわい市に、より多くの笑顔が見られることを願っ**てやみません**。

では、まず予算についてお話しいたします。

…………

※産業医：労働者の健康管理をするため、会社に派遣（はけん）される医師。

## 7　さいわい市に至っては

★★

### どう使う？

まず比較する例を挙げて、「〜に至っては」の形で「〜の場合はさらに」と言うときに使われる。

"〜に至っては" is used when you first give comparable examples, then say "and in the case of 〜, it is even more."

**N** ＋ に至っては

① 今年の国民生活時間調査によると、新聞を読んでいる40代の男性は41％、30代は23％、20代に至っては13％だった。

② 調査によると、昨年度の新卒者の就職率は、大学卒業者が約55％、高校卒業者に至っては17％以下と過去最低の状況となったとのことだ。

③ 彼は侍の家に生まれたが、剣もちょっと習った程度で、弓や槍に至っては触ったことさえないという男だった。

### やってみよう！

▶答え　別冊P.1

1 ）この国では都市部の年収を100とすると農村部では60、・

2 ）石田屋のお菓子はどれも人気があるが、・

3 ）このあたりは年間を通じて湿度が低く、・

4 ）うちの家族はみな物が捨てられない性格で、・

・a ）限定100個のどら焼きに至っては連日開店前に行列ができるほどだ。

・b ）母に至っては何十年も前の包装紙や空き缶まで大事にしまってある。

・c ）山間部に至ってはわずか35だそうだ。

・d ）12月に至っては20％以下の日が1週間以上続くことも少なくない。

☞ p.182　〜に至る／の至り

## 8　中小企業といえども

★★★

### どう使う？

「〜といえども」は「〜でも」という意味で、「社長といえども1人で何でも決められるわけではない」のように、「事実や条件（社長）から当然予想される結果（何でも決められる）とは違う」と言いたいときに使われる。

As in "社長といえども 1 人で何でも決められるわけではない", "～といえども", which means "～でも", is used when you want to say "the result（何でも決められる）is different from what one would naturally predict from the facts or conditions（社長）."

**N ＋ といえども**

＊「～といえど」も同じ意味で使われる。
＊「世界広し・老いたり・小なり」など古い表現と一緒に使われることもある。

①零細企業といえども、我が社は大企業に負けない技術を持っていると自負している。
②雑草といえども、それぞれに名前がある。
③裁判官といえども感情を抑えきれないこともあるはずだ。
④世界広しといえど、『源氏物語』のような壮大な恋愛小説は他にないだろう。

④

## やってみよう！

▶答え　別冊P. 1

1 ) 名人といえども、（a．作品のすべてが傑作というわけではない　b．誰からも認められ、尊敬されている）。
2 ) かわいい子熊といえども、（a．抱き上げたくなる　b．不用意に近づくと危険だ）。
3 ) アルバイトといえども、仕事に責任を（a．持たなければならない　b．持つ義務はない）。
4 ) 野球チームの練習中は、我が子といえども（a．特別扱いはしない　b．特別に指導する）つもりだ。

☞ p.180　～といえ／とはいえ

## ❾　休職を余儀なくされる　★★★

### どう使う？

「～を余儀なくされる」は「嫌でも～しなければならない状況だ」と言いたいときに使われる。ニュースなどでよく使われる。

"～を余儀なくされる" is used when you want to say "I don't like it, but in this situation I have to do ～." This is often used in the news and the like.

**N ＋ を余儀なくされる**

①景気悪化に伴い、工場は閉鎖を余儀なくされた。

②山中村の住民は先月の洪水により未だに避難所での生活を余儀なくされている。

③このまま利用者が減れば、この鉄道は廃線を余儀なくされるだろう。

### やってみよう！

▶答え 別冊P.1

1）前日からの雨のため、登山隊は計画の（a．変更　b．続行）を余儀なくされている。

2）私の店は、周辺の再開発のため、1年も（a．休業　b．開発）を余儀なくされた。

3）相次ぐ事故の報告により、製品の販売（a．開始　b．中止）を余儀なくされた。

4）大臣は不適切な発言がもとで（a．辞任　b．責任）を余儀なくされた。

7
〜
15

> 「〜を余儀なくさせる」は「何かが、嫌でも〜しなければならない状態に追い込む」と
> 言いたいときに使われる。　　　　　★★★
> "〜を余儀なくさせる" is used when you want to say "the situation forces someone (something) to do something against one's wishes."
> ①地球温暖化による海面上昇がこの地域の人々に移住を余儀なくさせたのである。
> ②急速な情報技術の発達は企業に組織の再編成を余儀なくさせた。
> ③コスト削減という企業のニーズが工場の海外移転を余儀なくさせたと言える
> 　だろう。

## 10　一刻たりとも　　　　　★★

### どう使う？

「〜たりとも…」は「1人たりとも逃がすな」のように「その少ない単位（1人）でも絶対…ない（逃がさない）」と言いたいときに使われる。
As in "1人たりとも逃がすな", "〜たりとも…" is used when you want to say "even if that amount is small（1人）, I will absolutely not …（逃がさない）."

１ ＋ 助数詞 ＋ たりとも ＋ …ない

＊「1秒・1円・一瞬」などの最小の単位を表す言葉と一緒に使われる。

①国を離れて10年経つが、1日たりとも故郷を忘れたことはない。

②私たちの税金は1円たりとも無駄に使ってほしくない。

③決勝戦は、一瞬たりとも目が離せない歴史に残る試合となった。

④「私はお前たちに1度たりとも嘘をついたことはない」と父は言った。

1）牧場の犬は、羊の群れを柵の中に追い込み、1頭たりとも逃がさなかった。

 a．1頭だけ柵の中に入れた。

 b．全部柵の中に入れた。

2）彼が私に「愛している」と言わない日は1日たりともなかった。

 a．1日中愛していると言う。

 b．毎日愛していると言う。

3）「ご飯は一粒たりとも残すな」と父に言われて育った。

 a．全部食べないといけないからご飯は残さない。

 b．全部食べるといけないからご飯は残しておく。

## 11　おろそかになるきらいがあります　★★

### どう使う？

「〜きらいがある」は「〜という良くない傾向や性質がある」と言いたいときに使われる。
"〜きらいがある " is used when you want to say "there is 〜, a tendency or disposition that is not good."

**V-る** ／ **V-ない** ＋ きらいがある

＊「〜すぎのきらいがある」の形も使われる。

①私たちは国籍だけでその人の性格を判断してしまうきらいがある。
②先輩は親切でいい人だが、お節介を焼きたがるきらいがある。
③叔母は、周りの人の気持ちを考えないきらいがあり、思ったことを何でも口にする。
④大型電気店の値下げ競争は、消費者にとってはありがたいが、最近は少々行きすぎのきらいがある。

### やってみよう！

1）社長は（a．努力さえすれば　b．結果さえよければ）満足し、過程を軽んじるきらいがある。

2）事故の際、内部調査だけでは（a．詳しい　b．甘くなる）きらいがあるので、外部の人による調査が必要だ。

３）林さんは優秀な外科医だが、患者の気持ちを（ a．軽視する　b．大切にする ）きらいがある。

４）この国の人々は、テレビで紹介された物はいい物だと思ってしまうきらいがあり、（ a．広告費　b．開発費 ）を多く使える企業が売り上げを伸ばしている。

## 12　ご提案をさせていただく次第です　★

### どう使う？

「〜次第です」は「〜んです」と同じように、事情や理由を説明するときに使われる。会議やビジネスなどの場面で使われることが多い。

Just like " 〜んです", " 〜次第です " is used when you explain a fact or a reason. It is often used in meetings, business and other such settings.

**V-PI** ＋ 次第だ

①今回の仕事は当社の技術力では難しいと思い、お断りした次第です。

②出張と重なってしまったために、会議を中止させていただいた次第です。

③国際交流イベントの成功のために、広く皆様にご協力をお願い申し上げる次第です。

④調査結果がまだまとまっていないために、会議でご報告できなかった次第です。

☞ p.179　〜次第

## 13　ご指導をもって　★★★

### どう使う？

「〜をもって」は「〜を手段・方法にして」と言いたいときに使う。「電話で話す」のように日常的なものには使わない。

Use "〜をもって" when you want to say "use 〜 as a mean or method." This is not used for everyday things, as in " 電話で話す ".

**N** ＋ をもって

①当選者の発表は賞品の発送をもってかえさせていただきます。

②重要議案は出席者の３分の２以上の賛成をもって承認されます。

③「毒をもって毒を制す」というのは、悪を倒すために別の悪を利用することだ。

④相続問題は当事者の協議をもって解決することが望ましい。

**やってみよう！**

▶答え 別冊P.1

1）会の代表は多数決（a．をもって　b．にこたえて）選出されます。

2）負傷した選手（a．をもって　b．にかわって）、控えの選手が出場した。

3）今回の台風（a．をもって　b．によって）各地に大きな被害が出た。

4）退会を希望する場合は書面（a．をもって　b．をめぐって）その旨を届け出なければならない。

☞ p.187　〜をもって

## 14　笑顔あってのさいわい市　★★

**どう使う？**

「AあってのB」は「お客様あっての店」のように、「A（お客様）があるからB（店）は成立する、AがなければBは成立しない」と言いたいときに使われる。

As in " お客様あっての店 ", "AあってのB" is used when you want to say "because there is A（お客様）, B（店）exists; if not for A, B would not exist."

**Ⓝ ＋ あっての ＋ Ⓝ**

＊「〜あってのことだ」の形も使われる。

①「皆さん、泊まってくださるお客様あっての旅館だということを忘れずに、今日も１日笑顔で頑張りましょう。」

②一流シェフは、「良い材料あってのおいしい料理」とよく口にする。

③「社員の幸福あっての我が社です。」と経営の神様と呼ばれた社長は言った。

④決勝に進出できたのはチームの団結あってのことだ。一丸となって優勝を勝ち取ろう。

⑤１人で強盗を追いかけるなんて無茶ですよ。命あっての物種※なんですから。

※命あっての物種：「命がなければ何もできない。だから危ないことをしてはいけない。」という意味。

**やってみよう！**

▶答え 別冊P.1

1）何より学生あっての学校だから、（a．学生　b．教師）の要望をよく聞くべきだ。

2）美しい自然あっての観光地なのに、（a．山を守ってホテルを建てない　b．山を崩してホテルを建てる）なんて……。

3）相手あってのビジネスだから、こちらの都合だけ（a．言わなければ　b．言っていても）うまくいかない。

4）読者あっての新聞ではあるが、（a．人気があれば　b．事件が起きれば）内容は何
　　でもいいというわけではない。

## 15　願ってやみません　★★

### どう使う？

「〜てやまない」は「長い間、強く〜と思っている」と言いたいときに使われる。
" 〜てやまない " is used when you want to say "I think 〜 for a long time or very strongly."

**V - て** ＋ やまない

＊「願う・祈る・期待する・望む・愛する」などの言葉と一緒に使われることが多い。

①今年1年が平和な年になることを願ってやみません。
②この研究が難病治療の一助となることを期待してやまない。
③私は尊敬してやまない黒沢監督のような映画を作りたい。
④便利な生活を求めてやまない人間の欲望が、さまざまな矛盾を生み出している。

### やってみよう！

▶答え　別冊P. 1

1）彼は誰もが敬愛し（a．てやまない　b．てならない）優れた指導者だった。

2）今年の夏は連日40度近くて、暑く（a．てやまない　b．てたまらない）。

3）あと少しで優勝できたのに、最後に抜かれて、悔しく（a．てやまない　b．てなら
　　ない）。

4）医学者シュバイツァーは生涯、音楽を愛し（a．てやまなかった　b．てたまらな
　　かった）。

▶答え 別冊P. 2

1）彼女の絵は、人々をひきつけ ＿＿＿＿＿＿＿ 不思議な魅力(みりょく)がある。

2）初めて家庭菜園(さいえん)に挑戦(ちょうせん)して、苦労して育てた大根(だいこん)だから、1本

　　　＿＿＿＿＿＿＿ 無駄(むだ)にしたくない。

3）山田(やまだ)さんの料理はまずいわけではないが、味が濃すぎる ＿＿＿＿＿＿＿。

4）チャンピオン ＿＿＿＿＿＿＿、油断すれば負けてしまうほど、勝負は厳(きび)

　　しいものだ。

5）原油(げんゆ)が値上がりしたために、値上げせざるを得(え)なくなった

　　　＿＿＿＿＿＿＿。

| てやまない　　きらいがある　　次第(しだい)です　　たりとも　　といえども |
| --- |

6）結婚だマイホームだといっても、安定した収入 ＿＿＿＿＿＿＿ ことだ。

7）試合中の目のけががもとで引退 ＿＿＿＿＿＿＿ ボクサーは、本当に気(き)

　　の毒(どく)だ。

8）この授業では定期(ていき)試験を行わず、レポート ＿＿＿＿＿＿＿ 評価する。

9）このドラマは初回の視聴率(しちょうりつ)が31.5％で、瞬間(しゅんかん)最高視聴率(さいこうしちょうりつ)

　　　＿＿＿＿＿＿＿ 40％近い数字を出したそうだ。

| に至(いた)っては　　を余儀(よぎ)なくされた　　をもって　　あっての |
| --- |

▶答え　別冊P.9

**問題1** 〈文法形式の判断〉

次の文の（　　　）に入れるのに最もよいものを、1・2・3・4から一つ選びなさい。

1　新人賞おめでとうございます。皆様の今後のますますのご活躍を（　　　）。

  **1**　祈ってやみません　　　　　　**2**　祈ってたまりません

  **3**　祈るおそれがあります　　　　**4**　祈るにすぎません

2　田中さんは、話し出すと長くなる（　　　）。

  **1**　ものがある　　　　　　　　　**2**　ほかしかたがない

  **3**　向きだ　　　　　　　　　　　**4**　きらいがある

3　歴史上、恐怖（　　　）国民を支配しようとする権力者は少なくない。

  **1**　を問わず　　**2**　をこめて　　**3**　をもって　　**4**　をはじめ

4　親しい仲（　　　）、借金の保証人には絶対なるなと親から言われている。

  **1**　というと　　**2**　といえども　　**3**　にとって　　**4**　につけても

5　新製品の発売前によく似た商品名があることがわかり、変更（　　　）された。

  **1**　を皮切りに　　**2**　を余儀なく　　**3**　を契機に　　**4**　をもって

6　運転するなら、アルコールは一滴（　　　）飲んではいけない。

  **1**　ばかりか　　**2**　どころか　　**3**　たりとも　　**4**　ぬきに

7　「豊かな海（　　　）漁師だ」と言って、彼らは仕事の合間に環境保護の活動をしている。

  **1**　あっての　　**2**　に限って　　**3**　とあって　　**4**　に至るまで

次の文の___★___に入る最もよいものを、1・2・3・4から一つ選びなさい。

<u>1</u>　サッカーの監督は、「今日の試合は、相手チームに
_____　_____　_★_　_____」と自信を持って言った。

**1**　たりとも　　　**2**　勝つ　　　　**3**　与えずに　　　**4**　1点

<u>2</u>　大型台風の接近で、_____　_____　_★_　_____。

**1**　余儀なくされた　　　　　　　**2**　中止を

**3**　祭りは　　　　　　　　　　　**4**　今年の

<u>3</u>　「サルも木から落ちる」というのは、_____　_____　_★_　_____　という
意味である。

**1**　ことがある　　**2**　上手な人　　**3**　失敗する　　**4**　といえども

次の文章を読んで、[　1　]から[　5　]の中に入る最もよいものを、1・2・3・4から一つ
選びなさい。

---

　皆さん、ご卒業おめでとうございます。
　一昨年入学した208名が、1名たりとも[　1　]ことなく、本校を巣立って行くこ
とを、大変うれしく思います。
　さて、人は誰でも困難なことを避ける[　2　]が、「困難はそれを乗り越えられる
人にしか与えられない」という言葉があります。いかなる困難[　3　]、乗り越えら
れないものはないということです。それを1つ1つ乗り越
えることによってさらなる成長をし、それぞれの道で活躍
されることを[　4　]。
　以上、簡単ではありますが、私のお祝いの言葉と
[　5　]。

---

<u>1</u>　**1**　欠ける　　　**2**　卒業する　　　**3**　飛び立つ　　　**4**　うれしい

| | | | |
|---|---|---|---|
| 2 | **1** ことを余儀なくされます | | **2** 次第です |
| | **3** きらいがあります | | **4** はずがありません |

| | | | | | |
|---|---|---|---|---|---|
| 3 | **1** とあって | **2** といえども | **3** というより | **4** とともに |

| | | | |
|---|---|---|---|
| 4 | **1** 願えるでしょうか | | **2** 願ってやみません |
| | **3** 願ってたまりません | | **4** 願ってはなりません |

| | | | |
|---|---|---|---|
| 5 | **1** していただきます | | **2** してさしあげます |
| | **3** させていただきます | | **4** させてさしあげます |

**問題4** 〈聴解〉

まず話を聞いてください。それから、二つの質問を聞いて、それぞれ問題用紙の1から4の中から、最もよいものを一つ選んでください。

| | | |
|---|---|---|
| 1 | **1** 参加者に感謝していること | CD 05 |
| | **2** 許可なく撮影しないこと | |
| | **3** 現地の人に品物を与えないこと | |
| | **4** 体調管理をしっかりすること | |

| | | | |
|---|---|---|---|
| 2 | **1** 現地の人との関わり方 | | **2** 自分自身の健康 |
| | **3** 現地の人の健康 | | **4** 特に気をつけることはない |

# 3 飯食わぬ女房（1）

## できること

● 昔話の表現を楽しみながら、物語の展開を追って読める。
Follow the plot of a story while enjoying expressions in a folk tale.

CD 06

昔、あるところに一人の男がいた。男は、けちなうえに怠け者で、掃除や洗濯もしなかった。だから、部屋はたいそう汚く、中に入れば体中ほこりまみれになるほどで、どろぼうも逃げ出すありさまだった。

友達は「いつまでもそんな暮らしを続けるのはよくない。早くお嫁さんをもらえ。」と言うのだが、男は友達の心配をよそに、「確かに家は汚いけれど、俺は俺なりに楽しく暮らしているよ。一人なら余計な金もかからないし。」と全く気にしていない。「まあ、何も食べない嫁ならもらわないでもないがね。」などと言うしまつで、友達もあきれてそれ以上は何も言わなかった。

ある日の夕方、男の家に若い女が訪ねてきて、「どうか私をお嫁さんにしてください。それに私は物を食べません。」と言った。「それは結構ずくめな話だ。」と男は大喜びして女を嫁にした。

女は働き者にして美人、さらに食べ物はおろか一滴の水すら口にしなかった。気立ても良く、文句も言わずに男のために食事を作り、掃除や洗濯をした。おかげで男の身なりも家も、見違えるようにきれいになった。けちで怠け者の男から、すると、これ以上の幸運はない。働き者の嫁をもらった男は、前よりもっと怠け者になった。

※お前様…昔使われた、相手を丁寧に呼ぶ言い方。

## 16　ほこりまみれ　★★

### どう使う？

「〜まみれ」は「表面全体に不快な物がついている」と言いたいときに使う。「借金まみれ」のように、良くない状況から抜け出せない様子を表すのにも使われる。

Use " 〜まみれ " when you want to say "something has something repugnant all over it." As in " 借金まみれ ", this is also often used to express the appearance of a bad situation from which there is no escape.

**Ⓝ ＋ まみれ**

＊「ほこり・汗・油・泥」などの言葉と一緒に使われる。

① 試合終了のホイッスルが響き、泥まみれの選手たちは雨の中でお互いの健闘をたたえ合った。

② 小麦粉の入ったボウルをひっくり返した子猫は粉まみれになってしまった。

③ 全身血まみれになった男性が、担架に乗せられて事故現場から運び出された。

④ 借金まみれの生活から脱出するために、弁護士に相談しに行くことにした。

### やってみよう！

▶答え　別冊P. 2

1）汗（a．まみれ　b．気味）になって、トラックに家具を運び込んだ。

2）息子の部屋の机の下から間違い（a．まみれ　b．だらけ）の数学の答案用紙が出てきた。

3）押し入れの奥にしわ（a．まみれ　b．だらけ）のスーツがあった。

4）引っ越しのあと、Ｔシャツもジーンズもほこり（a．まみれ　b．がち）になった。

## 17　友達の心配をよそに　★★

### どう使う？

「〜をよそに」は「親の心配をよそに」のように「〜を気にしないで」と言いたいときに使う。「渋滞をよそに」のように「〜とは関係なく」と言うときにも使う。

Use "〜をよそに " when you want to say someone "does not give 〜 any notice," as in " 親の心配をよそに ". As in " 渋滞をよそに ", you can also use it when you say "regardless of 〜 ."

**Ⓝ ＋ をよそに**

①教師の再三の注意をよそに、学生は授業中も携帯電話をいじっている。

②恋人が泣いて引きとめるのをよそに、彼はカメラを携えて戦場に向かった。

③友人たちが就職活動を始めるのをよそに、山田さんはサークル活動にのめり込んでいる。

④景気の低迷をよそに、順調に売り上げを伸ばしている会社もある。

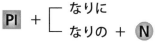

▶答え 別冊P. 2

1）社長は部下の進言をよそに、　　　　・

2）夫は妻の心配をよそに、　　　　　　・

3）歩行者の迷惑をよそに、　　　　　　・

4）車内の冷ややかな視線をよそに、・

・a）会社を辞めて、ラーメン店を始めよう
　　　としている。

・b）歩道を走り抜けようとする自転車が多い。

・c）国内生産にこだわり、工場の海外移転
　　　を認めなかった。

・d）大声でうわさ話をする高校生の一群が
　　　いた。

## 18　俺なりに　　　★★★

### どう使う？

「〜なりに」は「自分なりに工夫して作る」のように「〜の立場やレベルに応じて」と言いたいときに使う。「子どもなりにがんばっている」のように「〜（子ども）は十分ではないができるだけ」と言いたいときにも使う。

As in " 自分なりに工夫して作る ", use " 〜なりに " when you want to say "do ... in accordance to position or level of 〜 ." As in " 子どもなりにがんばっている ", you can also use this when you want to say "a 〜（子ども）is not enough, but it is doing ... as much as possible. "

PI ＋ ┌ なりに
　　　└ なりの ＋ N

[ なAだ　Nだ ]

＊「それなり」「〜ば〜なり」という言い方もある。

①営業部は営業部なりに頑張っているんだろうが、売り上げはなかなか伸びていない。

②お金がなければないなりに、楽しみ方はあるものだ。

③日本語が上達したらしたなりに、新しい疑問が次から次へと出てくる。

④あの子は幼いなりに親を助けようと、いろいろ努力している。

⑤この1年貯めたお金がそれなりの額になったから、親を旅行に連れて行こうと思っている。

**やってみよう！**

１）若者には若者なりの、老人には老人なりの（a．楽しみがある　b．ずいぶん違う）。

２）狭い部屋は狭いなりに（a．快適に過ごせます　b．収納スペースに困ります）よ。

３）A：本田君！　何なんだ！　この営業成績は。

　　B：すみません。僕なりに（a．努力しきれなかったんです　b．努力したんです）。

　　　　でも……。

４）誰でも練習すればしたなりに、（a．優勝できる　b．上手になる）ものだ。

---

## 19　もらわないでもない　　　　　★★

**どう使う？**

「〜ないでもない」は「高い気がしないでもない」のように「〜だ（高い気がする）」とはっきり
言い切りたくないときに使われる。「ぜひと頼まれれば、引き受けないでもない」のように「条
件が合えば〜する（引き受ける）可能性はゼロではない」と言うときにも使われる。
As in "高い気がしないでもない", "〜ないでもない" is used when you do not want to say directly that something
"is 〜（高い気がする）." As in "ぜひと頼まれれば、引き受けないでもない", this is used when you say "it is not
impossible that 〜（引き受ける）could happen under certain conditions."

**V-ない** ＋ ないでもない

＊「〜ないものでもない」「〜なくもない」の形も使われる。

①彼が犯人だという証拠はないでもないが、まだ断定はでき

　ない。

②A：ぜひにと言われれば飲まないでもないんですが、最近

　　　酒は控えているんです。

　B：じゃあ、まあ、少しだけ……。

③君がそんなに頼むんだったら、今回だけ特別に認めないものでもないんだけどね。

④お寺まで歩いて行けなくもないですが、山道だし、ちょっと大変ですよ。

1）あなたが会の司会が嫌だと言うならば、私が<u>代わってやらないでもない</u>。

    a．代わりたいが、代われない

    b．絶対に代わってやる

    c．代わってやってもいい

2）願書は今日の消印有効だから、今から出せば<u>受験できないものでもない</u>ですよ。

    a．受験の意思がないので、受験はしない

    b．受験の意思があれば、受験できる

    c．受験の意思はあるが、もう受験できなくなった

☞ p.182　〜ないでは／ないでも　☞ p.185　〜もの／もん

## 20　言うしまつで　★

### どう使う？

「〜しまつだ」は、それまでの経緯を説明して、「良くないことが続き、結局〜という悪い結果になった」ということを表す。話し手の非難や残念な気持ちを表す。
"〜しまつだ" explains the background information and expresses that "bad things continued to happen, ending up in a bad result 〜." This expresses the speaker's criticism or feeling that the incident is unfortunate.

V-る ／ V-ない ＋ しまつだ

①彼は金にルーズで、方々で借金を重ね、あげくの果てに会社の金を使い込んで解雇されるしまつだ。

②「面倒くさい」が口癖の母は、歩いて5分のスーパーに行くのにも車を使い、ついに運動不足で医者に叱られるしまつだ。

③あの女は子どものころから嘘ばかりついていて、最後には詐欺で捕まるしまつだ。

④友人は6回も転職しながら、まだ「自分の才能を生かせる会社はない」と言っているしまつで、周囲もあきれている。

## 21　掃除なり洗濯なり　★★

### どう使う？

「AなりBなり」は「AでもBでも（何でもいい）」と思いついた例を挙げるときに使われる。相

手に提案したり、アドバイスや注意をしたりする場合に使われることが多い。

"AなりBなり" is used when you think up examples as in "A or B (or anything would be good)." This is often used when you offer suggestions, advice or caution to another person.

$$\left[\begin{array}{c}\text{N}_1 \text{（＋助詞）}\\ \text{V}_1\text{-る}\end{array}\right] + \text{なり} + \left[\begin{array}{c}\text{N}_2 \text{（＋助詞）}\\ \text{V}_2\text{-る}\end{array}\right] + \text{なり}$$

＊ N₂／V₂-る には「何・どこ（へ）・誰」などの疑問詞を使うこともある。

①目が悪いなら、眼鏡なりコンタクトなりすればいいのに。

②今日は俺のおごりだから、牛丼なりカレーなり、好きに注文していいよ。

③休みの日ぐらい仕事のことは忘れて、映画を見るなり、買い物をするなり、好きなことをして息抜きすれば？

④そんなに一人暮らししたいなら、外国へなりどこへなり、行きたいところに行けばいいだろう。

⑤食品の安全基準を見直すなり何なりして、より安全に暮らせるように考えてほしい。

**やってみよう！**

▶答え　別冊P. 2

1）わからないことは、人に聞くなり（a．わかる　b．辞書を引く）なりしてみてください。

2）時間に遅れる場合は、メールなり（a．電話　b．連絡）なりしてください。

## 22　結構ずくめな話　★

**どう使う？**

「〜ずくめ」は「大部分が〜で占められている／〜が連続する」ことを表す。

"〜ずくめ" expresses that something "is mostly 〜 / 〜 is continuous."

N ＋ ずくめ

＊「黒・白・いいこと・失敗・ごちそう・規則」などの決まった言葉と一緒に使われる。

①ご主人の昇進や娘さんの結婚など、山田さんの家はいいことずくめだ。

②私の学校は規則ずくめで、息がつまりそうだ。

③目撃者の証言によると、犯人は身長180cm程度、全身黒ずくめで銃を所持していたということです。

④今年の我が県のスポーツ選手は活躍が目覚ましく、サッカーチームは優勝するし、マラソン選手はオリンピック代表に決まるし、結構ずくめな年となりました。

16
〜
34

3　飯食わぬ女房（1）●43

## 23 働き者にして美人

### どう使う？

「（〜は）AにしてBだ」は「〜にはA・B2つの面がある」ことを表す。
"（〜は）AにしてBだ" expresses that "〜 has two aspects, A and B."

なA だ
N だ ⎤ + にして

①彼は大学の教授にして、有名な作家でもある。

②彼女のデザインする服は、どれも個性的にして実用的だと定評がある。

③怪盗と呼ばれた男の犯行の手口は大胆にして、かつ繊細だった。

## 24 食べ物はおろか一滴の水すら口にしなかった ★★

### どう使う？

「AはおろかB…ない」は「食事はおろか水さえ飲めない」のように「も・さえ・まで・すら」などと一緒に使い、「A（食事）はもちろん、それより程度の低いB（水）も…ない」と言いたいときに使われる。

As in "食事はおろか水さえ飲めない", "AはおろかB…ない" is used together with words like "も・さえ・まで・すら" when you want to say that "of course you can't … A（食事）, but not even something of a lesser degree B（水）."

N₁ + はおろか + N₂ + も／さえ／まで／すら + …ない

①彼は真夏でも、エアコンはおろか、扇風機さえ使わないそうだ。

②最近は、恋人はおろか友人さえ1人もいない人も珍しくないらしい。

③重い物を持とうとして腰を痛め、起き上がることはおろか、寝返りを打つこともできない状態だった。

### やってみよう！

▶答え 別冊P. 2

1）アラビア語を習ったのに、自己紹介はおろか（a．挨拶　b．討論）も忘れてしまいました。

2）彼は給料日前で、家賃はおろか（a．旅行に行くお金　b．今日の食事代）にも困っているらしい。

☞ p.183　〜にして／にしろ／にした

## 25 水すら口にしなかった ★★

### どう使う？

「〜すら…」は「日曜日すら休めない」のように「他はもちろん〜（日曜日）も…（休めない）」と言いたいときに使われる。「〜さえ／〜も」と同じように使われる。否定的な状況で使うことが多い。

As in "日曜日すら休めない", "〜すら…" is used when you want to say "of course I can't …（休めない）otherwise, and not even 〜（日曜日）." This is used the same way as "〜さえ／〜も". It is often used in negative situations.

**N** ＋（助詞）＋ すら

＊「〜すら」の前の助詞は、後に続く動詞によって変わる。
＊「〜か＋すら」の形も使われる。

16
〜
34

①仕事が忙しすぎて、昼休みすら満足に取れない。

②本に夢中になって、夜が明けたことにすら気づかなかった。

③スピーチに慣れた人ですら、話し始めはどきどきするそうだ。

④夕べはすっかり酔ってしまって、どうやって家に帰ったかすら思い出せない。

⑤予算不足で工事が中断されたまま、再開されるかどうかすらわからない。

⑤

### やってみよう！

▶答え 別冊P. 2

1）80歳の祖母は好奇心が強く、来年は（a．南極　b．温泉）へすら出かけかねないと家族は心配している。

2）（a．専門家　b．受験生）ですら解けない問題を入試に出すなんてひどすぎるよ。

3）（a．ジョギング　b．マラソン）すらしたことがないのに、10kmも走れるわけがない。

4）彼は、上司どころか（a．近所の人　b．家族）にすら相談せずに、会社を辞めてしまった。

▶答え　別冊P. 2

1）今回の大統領の訪日中（ほうにち）の行動は異例（いれい）＿＿＿＿＿＿＿で、外務省（がいむしょう）の職員を困惑（こんわく）させた。

2）100年前の女性たちには、選挙（せんきょ）に立候補（りっこうほ）する権利＿＿＿＿＿＿＿、投票（とうひょう）する権利さえなかった。

3）社員の不満＿＿＿＿＿＿＿、社長は今年もボーナスを支給（しきゅう）しないらしい。

4）当時は、収入も少なかったが、貧しい＿＿＿＿＿＿＿生活の工夫をしたものだった。

5）漫画家（まんがか）＿＿＿＿＿＿＿医学博士（はくし）でもあった手塚治虫（てづかおさむ）は、その知識を作品に生（い）かしている。

| にして　　はおろか　　なりに　　ずくめ　　をよそに |
| --- |

6）工場では車の整備士（せいびし）が、油＿＿＿＿＿＿＿で作業をしている。

7）あの患者（かんじゃ）さんは、もう自力（じりき）で食べ物を飲み込むこと＿＿＿＿＿＿＿できないのです。

8）極（きわ）めて少数だが、情報技術の恩恵（おんけい）を自ら絶（た）って生活する人がいない＿＿＿＿＿＿＿。

9）奨学金（しょうがくきん）の面接を受けるなら、スーツぐらい買う＿＿＿＿＿＿＿借りる＿＿＿＿＿＿＿したほうがいいよ。

| すら　　まみれ　　でもない　　なり |
| --- |

## できること

● 昔話の表現を楽しみながら、登場する人物の行動や出来事の経緯などが理解できる。
Understand the actions of characters, details about events and the like while enjoying expressions in a folk tale.

CD 07

16〜34

あるとき、「お前様がいるとゆっくり掃除ができません。昼間は外で遊んできてください。」と嫁が言うので、男は久しぶりに外へ出た。

男が歩いていると、道の向こうから友達がやって来た。うれしくなった男は、友達に嫁をもらったと聞いて、お祝いかたがた嫁の顔を見に来たのだった。

だが、友達は真っ青な顔をして、「何も食べない人間がいるとは、信じられない。それは化け物だ。」と言った。そして、「明日、出かけるふりをして、こっそり様子を見てみろ。」と言い残し、逃げるように帰ってしまった。

次の日、男は家を出るふりをして、家の中をのぞいてみた。笑顔だった嫁は、男が家を出ると恐ろしい顔になった。「あのけちの怠け者め！　昼間っから酒は飲むわ、ごろごろするわ、外へ出すのも一苦労だ。ああ、腹が減ったぞ。」とつぶやき、大きい釜で米を炊き始めた。そして、結んでいた長い髪をほどいた。すると、頭の後ろから、鋭い歯が生えた大きな口が現れた。嫁は、米が炊けるが早いかどんどん握り飯を作り、作るそばから頭の後ろの口へ放り込み、むしゃむしゃと食べ始めた。「これでは足りぬ。肉はどこじゃ。」前の口から、恐ろしい言葉が飛び出した。びっくりした男は、つい「ひゃあ！」と悲鳴を上げてしまった。

「誰じゃ！」長い髪の間から、ぎらぎら光る眼が男をにらみつけた。

「見たな！　見られたからには、お前を食わずにはおかないぞ！」

捕まったが最後、食べられてしまうに違いない。そう思った男は、あわてて逃げ出した。

「待て！　お前を食ってやる！」恐ろしい顔で追いかけて来る女は、二口女という妖怪だったのだ。

## 26　お祝いかたがた

### どう使う？

「Ａかたがたｂ」は「お見舞いかたがた会いに行く」のように「Ａという目的（お見舞い）もあって、Ｂをする（会いに行く）」という意味を表す。Ｂには「伺う・行く・訪ねる・来る」など移動に関係のある動詞がよく使われる。

As in " お見舞いかたがた会いに行く ", " Ａかたがたｂ " expresses a meaning that says "do B（会いに行く）along with the purpose of A（お見舞い）." Verbs related to movement such as " 伺う・行く・訪ねる・来る " are often used for B.

### Ｎ ＋ かたがた

＊「挨拶・お見舞い・報告・お礼・お祝い・おわび」などの言葉と一緒に使われることが多い。

①お世話になった先輩のお宅へ、お礼かたがた新年のご挨拶に伺った。

②上司が入院したので、お見舞いかたがた仕事の進め方について相談に行った。

③先生、本日はご無沙汰のお詫びかたがた、就職のご報告に参りました。

---

### ✚ Plus

## ～がてら

「Ａがてらｂ」は「Ａの機会を利用して、Ｂする」と言いたいときに使われる。Ａ・Ｂには、移動に関係のある言葉がよく使われる。

"ＡがてらＢ" is used when you want to say "do B by using opportunity A." Words relating to movement are often used for A and B.

### Ｎ ／ Ｖ-ます ＋ がてら

①

①合格祈願のお参りがてら、早咲きの梅を見に行きませんか。

②散歩がてら、コンビニで牛乳買ってきたよ。

③出産した友達に、お祝いを届けがてら、会いに行った。

---

## 27　何も食べない人間がいるとは　★★★

### どう使う？

「～とは」は、意外な事実に対する話し手の驚き・感心・あきれなどの気持ちを言いたいときに使われる。

"～とは" is used when the speakers wants to express a feeling such as surprise, admiration or amazement about an unusual fact.

PI ＋ とは
[なA（だ）N（だ）]

＊「～とは。」と、後ろを省略することもある。

①有名なコーヒーショップだと聞いてはいたが、コーヒー1杯2,000円とは驚いたよ。

②外国での一人暮らしがこんなに大変だとは思ってもみなかったよ。

③内気で無口だった彼女が女優になるとは、人生はわからないものだ。

④まさか君たちが結婚するとはねえ。学生時代はけんかばかりしていたじゃないか。

⑤あの優しそうな老人が、強盗事件の犯人だったとは。

## やってみよう！

▶答え 別冊P. 2

1）1枚だけ買った宝くじが当たるとは、・　　　・a）今まで気づかなかった。

2）ベッドの下にこんなにほこりがたまっ
　　ていたとは、　　　　　　　　　・　　　・b）夢を見ているようだ。

3）高級ブランドのバッグが簡単に壊れる
　　とは、　　　　　　　　　　　　・　　　・c）一体何を食べたんだ。

4）1週間で3キロも太るとは、　　　・　　　・d）偽物だったのかな。

## 28　家を出るなり　　　　　　　　★★

## どう使う？

「～なり…」は「～という動作のすぐ後で…ということが起こる」と言いたいときに使われる。
起きた出来事や他の人の意外な行動に驚いたときに使われることが多い。
"～なり…" is used when you want to say "… happened soon after action ～." This is often used when you are surprised about an event that has occurred or unusual behavior by another person.

V-る ＋ なり

①警部は受話器を置くなり、コートを片手に飛び出していった。

②彼女は立ち上がるなり、コップの水を彼の顔にかけた。

③王子はシンデレラを一目見るなり、恋に落ちてしまった。

③

1）警官は「伏せろ！」と叫ぶなり、犯人に向かって（a．発砲した　b．話しかけた）。

2）社長は料理を口にするなり、（a．苦しんでいた　b．苦しみ出した）。

3）彼は、名人が作った器を手に取るなり、（a．同じ作品を作った　b．素晴らしいと言った）。

## 29　酒は飲むわ、ごろごろするわ　★

### どう使う？

「AわBわ」は、困ったり喜んだりする理由や状況を並べて言うときに使う。
Use " AわBわ " when you state a series of troublesome or happy reasons or circumstances.

Pl₁ ＋ わ ＋ Pl₂ ＋ わ
［現在形のみ］　［現在形のみ］

①雨には降られるわ、上司には叱られるわ、ついていない１日だった。

②最近、中村くん、どうしたんだろう。遅刻はするわ、宿題は忘れるわ……。

③例文は難解だわ、字は小さいわ、こんな辞書、買う人いるのかな。

④料理はうまいわ、眺めはいいわ、あの旅館は最高だったね。

## 30　米が炊けるが早いか　★★

### どう使う？

「〜が早いか…」は「〜なり」と同じように「〜の直後、ほとんど同時に…ということが起こる」と言いたいときに使われる。「…」が起こるまでの時間が非常に短いことを驚いて話すときに使うことが多い。
Just like " 〜なり ", " 〜が早いか… " is used when you want to say "… happened immediately after or almost at the same time as 〜 ." This is often used when you express surprise over the extremely short time by which "… " happened.

V-る ／ V-た ＋ が早いか

①店員がドアを開けるが早いか、待っていた客がなだれ込んできた。

②侍が刀に手をかけるが早いか、敵は悲鳴を上げる間もなく倒れた。

③魔法使いが呪文を唱えるが早いか、王子はたちまち蛙に変わった。

④刑事はタクシーに乗り込んだが早いか、「前の車を追ってくれ」と言った。

## やってみよう！

▶答え　別冊P. 2

１）12時の鐘が鳴るが早いか、美しい馬車はあっという間にカボチャに戻った。

　　ａ．12時の鐘がなるとすぐ、馬車はカボチャに戻った。

　　ｂ．12時の鐘が鳴るより早く、馬車はカボチャに戻った。

２）受付時間になるが早いか、待ち構えていたように電話が鳴り出した。

　　ａ．受付時間になるのを待っている間に、電話がかかってきた。

　　ｂ．受付時間になるかならないかのうちに、電話がかかってきた。

３）母親が出かけるが早いか、子どもたちはゲームを始めた。

　　ａ．子どもたちは母親がいる間はゲームをしなかった。

　　ｂ．子どもたちは母親が早い時間に出かけたので、ゲームをした。

16<br>～<br>34

## 31　作るそばから　　★★

## どう使う？

「AそばからB」は「Aの後、すぐにBをする」と言いたいときに使われる。A・B２つの動作が何回も反復される様子を述べたり、「頑張ってAをしたのに、すぐにBなので、努力が無駄になってしまう」と言いたいときによく使われる。

" AそばからB " is used when you want to say "B happens soon after A." This is often used when you want to say that both actions A and B recur many times, or that "even though I did my best to do A, B happened quickly, so my effort was a waste."

**V-る** ／ **V-た** ＋ そばから

①父は肉が焼けるそばから私たちの皿にどんどん載せてくれた。

②工場では新しい製品が完成するそばから箱詰めされて出荷されていく。

③今日は大雪で、帽子にも肩にも払うそばから雪が降り積もってしまう。

④ゴミを片付けたそばからカラスが散らかすので、道が汚れて困る。

**やってみよう！**

▶答え　別冊 P．2

１）学生たちは積極的なので、教師が説明するそばから（a．新しい質問を出す

　　b．シーンと静まり返る）。

２）問い合わせのメールに返信するそばから次のメールが（a．入ってくる　b．来ない）

　　ので、なかなか他の仕事ができない。

３）この商品は入荷するそばから（a．人気がある　b．売れてしまう）ので、常に品

　　薄だ。

---

## 32　食わずにはおかない　　　　★

**どう使う？**

「〜ずにはおかない」は「〜するまであきらめない／絶対に〜する」という話し手の強い意志を
表す。
"〜ずにはおかない " expresses the speaker's strong intention to "not give up until I do 〜 / absolutely do 〜 ."

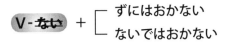

$$\boxed{\text{V-ない}} + \left[ \begin{array}{l} \text{ずにはおかない} \\ \text{ないではおかない} \end{array} \right.$$

①「今度こそ犯人を捕まえずにはおかないぞ」と警部は心に誓った。

②当時の大統領は、自分の意見に反対する者を排除せずにはおかない人間だった。

③彼の過失となれば、会社は損害賠償を請求しないではおかないだろう。

---

「〜ずにはおかない」は「自然に〜の感情が起こる／〜の状況になる」と言いたいとき
にもよく使われる。　　　　　　　　　　　　　　　　　　　　　　　　★
"〜ずにはおかない " is also often used when you want to say "naturally develop a feeling of 〜 /
develop into situation 〜 ."

①盲目のピアニストが奏でる美しい調べは、聴衆の心を震わせずにはおかなかった。

②大手の自動車メーカーが倒産するようなことがあれば、多くの中小企業の経営

　危機を引き起こさずにはおかないだろう。

③地球外生命体の異様な映像は、見る人に衝撃を与えずにはおかないだろう。

---

☞ p.180　〜ずには　　☞ p.181　〜ないでは／ないでも

## 33 捕まったが最後  ★

### どう使う？

「～たが最後…」は「もし～したら、必ず…になってしまう」という意味を表す。「…」には、話し手にとって望ましくない状態を表す言葉が入る。

"～たが最後…" expresses the meaning that "if you do ～, then … will certainly happen." Words that express a situation that is not desirable to the speaker are used for "…".

**V-た** ＋ が最後

＊話し言葉では「～たら最後」がよく使われる。

①彼はアトリエにこもったが最後、寝食を忘れてしまうので家族は心配している。

②顧客からの信頼は一度失ったが最後、取り戻すことは難しいだろう。

③この本は読み始めたが最後、徹夜してでも一気に終わりまで読みたくなる面白さです。

④このボタンを押したら最後、データの復元は二度とできなくなるから、注意してね。

## 34 食ってやる ★

### どう使う？

「～てやる」は「怒り・不満などの強い感情を持って～する」ことを表す。

"～てやる" says "do ～ with a strong emotion such as anger or dissatisfaction."

**V-て** ＋ やる

①もう我慢できない。こんな会社辞めてやる。

②あんなやつ、なぐってやる。

③何回も失敗したけど、今度こそ絶対頂上まで登ってやる。

④営業成績を伸ばして、来月は一番になってやる。

▶答え　別冊P. 2

1）たった700円で、こんなにおなかいっぱい食べられる ＿＿＿＿＿＿＿＿、いい店を見つけたね。

2）ライオンは草<sub>くさ</sub>むらから飛び出す ＿＿＿＿＿＿＿＿、シマウマの群れに襲<sub>おそ</sub>いかかった。

3）うちの弟はゲームを始めた ＿＿＿＿＿＿＿＿、時間というものを忘れてしまうんです。

| が最後　　が早いか　　とは |
|---|

4）お前、無駄遣<sub>むだづか</sub>いはやめると言った ＿＿＿＿＿＿＿＿、新しいかばんを２つも買うなんて、どういうことだ。

5）裁判<sub>さいばん</sub>で犯罪被害者が、何としても被告<sub>ひこく</sub>に罪を償<sub>つぐな</sub>わせず ＿＿＿＿＿＿＿＿ と思うのは当然である。

6）本日<sub>ほんじつ</sub>は、先生に合格のご報告 ＿＿＿＿＿＿＿＿、お礼に伺<sub>うかが</sub>いました。

7）連日<sub>れんじつ</sub>仕事に追われていた夫は、昨晩深夜に帰宅する ＿＿＿＿＿＿＿＿、玄<sub>げん</sub>関<sub>かん</sub>で倒れてしまったのです。

| かたがた　　そばから　　なり　　にはおかない |
|---|

# まとめの問題 Review questions

## 問題1 〈文法形式の判断〉

次の文の（　　　）に入れるのに最もよいものを、1・2・3・4から一つ選びなさい。

__1__　無理して徹夜（てつや）なんてしなきゃよかった。早く寝る（　　　）、薬を飲む（　　　）しておけば治ったかもしれない。

    **1**　につけ／につけ　　　　　　　　**2**　にしろ／にしろ

    **3**　やら／やら　　　　　　　　　　**4**　なり／なり

__2__　計算ソフトの使い方を何度も教えているのに、本田君（ほんだ）は聞いた（　　　）忘れるんだよね。

    **1**　が早いか　　　**2**　次第（しだい）　　　**3**　そばから　　　**4**　なり

__3__　新発売のエコカーは環境への配慮（はいりょ）（　　　）、価格の面でも皆様にご納得（なっとく）いただけるものとなっております。

    **1**　どころか　　　**2**　はおろか　　　**3**　かたがた　　　**4**　はもとより

__4__　内容が暴力的（ぼうりょくてき）であるという親たちの批判（　　　）、子どもたちはこの番組を楽しんで見ている。

    **1**　をよそに　　　**2**　を抜きに　　　**3**　といえども　　　**4**　をもって

__5__　すいかの皮はたいていの人が捨ててしまうが、工夫すれば（　　　）。

    **1**　食べられるものではない　　　　　**2**　食べられないでもない

    **3**　食べられない　　　　　　　　　　**4**　食べずにはおかない

__6__　私にとって、彼は学年1位を争うライバル（　　　）最高の親友でもありました。

    **1**　にして　　　**2**　にもまして　　　**3**　において　　　**4**　に対して

__7__　どろぼう猫は魚屋に入った（　　　）、近くにあったサンマをくわえて逃げ出した。

    **1**　とは　　　**2**　が最後　　　**3**　そばから　　　**4**　が早いか

8   大変申し訳ありませんが、やむを得ぬ事情により、今回は欠席させていただく
    （　　　）です。

    1　しまつ　　　　2　一方　　　　3　最中　　　　4　次第

**問題2** 〈文の組み立て〉

次の文の＿★＿に入る最もよいものを、1・2・3・4から一つ選びなさい。

1   いくら真夏でも、Tシャツ1枚で ＿＿＿ ＿＿＿ ＿★＿ ＿＿＿ だ。

    1　非常識　　　　2　とは　　　　3　登る　　　　4　富士山に

2   スケートを教えてほしいって彼女に言われたんだけど、実は俺、
    ＿＿＿ ＿＿＿ ＿★＿ ＿＿＿ さえできないんだ。どうしよう……。

    1　立つこと　　　2　滑ること　　3　氷の上に　　4　はおろか

3   毎晩、壁の中から奇妙な音がする。安いから借りたけど、
    ＿＿＿ ＿＿＿ ＿★＿ ＿＿＿ あるらしいんだ。

    1　安いのには　　2　この部屋が　　3　理由が　　　4　それなりの

**問題3** 〈文章の文法〉

次の文章を読んで、後の問いに対する答えとして最もよいものを、1・2・3・4から一つ選びな
さい。

> 「おい、そこの時計見てみろ。もう5時だぞ。2時の休憩に入るが早いか、飛び出
> したっきりで……。出てったが最後、3時半になっても、4時になっても帰ってこな
> いし……。うちみたいな小さな店は、1人欠けても大変だってわかるだろ。
> 　ほら、また！　いつもお前は人が話してるそばから、ケータイいじって……。ちょっ
> と貸してみろ！」
> 「あ！」
> 「『兄貴、さっきはありがとう。』　何だ、これは？」
> 「すいません。実は弟がバイクで事故って、それで病院へ行ってたんです。」
> 「それなら電話するなり、誰か他のアルバイトに言っておくなりしろよ。……まあ、
> 早く治るといいな。」

| 1 | 誰が誰に対して怒っているか。

**1** 店長がアルバイト店員に　　**2** 客がアルバイト店員に

**3** 店長が客に　　**4** 新人店員が先輩の店員に

| 2 | この人が怒っている理由は何か。

**1** 相手が休憩時間が終わっても戻らなかったから

**2** 相手が休憩時間に帰宅して戻ってこなかったから

**3** 相手が携帯電話で話しているから

**4** 相手が遅れた理由をまだ言わないから

## 問題4〈聴解〉

1　まず話を聞いてください。それから、二つの質問を聞いて、それぞれ問題用紙の 1 から 4 の中から、最もよいものを一つ選んでください。

| 1 | CD 08

**1** 猿が落とした ⇒ 道に落ちていた ⇒ 蟹が拾った

**2** 道に落ちていた ⇒ 蟹が拾った ⇒ 猿がもらった

**3** 道に落ちていた ⇒ 猿が拾った ⇒ 蟹がもらった

**4** 蟹が落とした ⇒ 道に落ちていた ⇒ 猿が拾った

| 2 |

**1** うそつきだと思っている。

**2** 自己中心的だと思っている。

**3** 頭がいいと思っている。

**4** 楽天的だと思っている。

2　この問題では、問題用紙に何も印刷されていません。まず文を聞いてください。それから、それに対する返事を聞いて、1から3の中から、最もよいものを一つ選んでください。

| 1 | **1**　**2**　**3**　CD 09

| 2 | **1**　**2**　**3**　CD 10

| 3 | **1**　**2**　**3**　CD 11

# 4 上司との付き合い方（1）

## できること

●実用書などを読んで、筆者の考察が理解できる。

Read a how-to-book and the like and understand the author's thoughts.

CD 12

会社では、さまざまな人が働いていますが、一人前の社会人ともなると、当然嫌いな人とも付き合わなくてはなりません。そのため気楽な学生時代にひきかえ、多くのストレスを抱えることになるでしょう。

会社を辞める理由では、仕事の内容や待遇の問題もさることながら、「人間関係」が常に上位に挙がっています。上司との関係であれ、同僚や後輩との関係であれ、仕事を進めるうえでは人間関係は非常に大切です。

特に新人のみなさんにとって、上司との関係をよくしておくことは重要です。仕事上、何か問題が起これば、現状に即した対応が求められます。そんなとき、上司の指示を仰ぐことが必要だからです。

そしてもし、わからなかったら何度でも聞き返しましょう。それが許されるのは新人である今をおいて他にありません。

## 35 社会人ともなると ★★

### どう使う？

「〜ともなると…」は「〜の条件や立場ならば当然…になる」と言いたいときに使われる。

"〜ともなると…" is used when you want to say "naturally … happens if in a condition or position 〜."

Ⓝ ＋ ┌ ともなると
　　　└ ともなれば

＊動詞も使われることがある。

①総理大臣ともなると、その言動の１つ１つが大きな影響を与える。

②そこは一見目立たない店だが、昼休みともなると大勢の客が列を作る有名ラーメン店だ。

③普段はスポーツに関心のない人も、オリンピックともなれば夢中でテレビにかじりつく。

④工場を建てかえるともなると、億単位の金がかかる。

## やってみよう！

▶答え 別冊P.3

1）宗教に無関心な日本の若者も正月ともなれば（a．寺や神社へ　b．海外旅行に）行くことが多い。

2）勉強嫌いの学生でも、試験前ともなると（a．遊んでいるわけにはいかない　b．何もしない）だろう。

3）キャンプ場は（a．夏休み　b．平日）ともなると親子連れでにぎわう。

4）有名なサッカー選手ともなると（a．コマーシャルの出演料も高額だ　b．マスコミは関心がない）。

5）世界一周旅行ともなると（a．荷物は全部準備した　b．荷物の準備も大変だ）。

## 36　気楽な学生時代にひきかえ　★

## どう使う？

「〜にひきかえ…」は「一方は〜のに、他方は…だ」と２つの事柄を比べて、対照的だという意味を表す。

"〜にひきかえ…" expresses a comparison or contrast between two things as in "despite 〜 on the one hand, the other is ….."

**PI** ＋ の ＋ にひきかえ

［**なA** だな］

＊名詞の場合は「**N** だ ＋ ~~の~~ ＋ にひきかえ」になる。

＊「**なA** ／ **N** である ＋ の ＋ にひきかえ」の形もある。

①あの映画は前作の観客が250万人を超えたのにひきかえ、続編は100万人にも届かなかったそうだ。

②父親の死後、２人の兄が家や土地をもらったのにひきかえ、末の弟に残されたのはなぜか１冊の古いノートだけだった。

③災害時、迅速に対応した民間団体にひきかえ、政府は対応の遅れが目立った。

④佐藤君の作品が独創的であるのにひきかえ、山下君のは平凡で面白みに欠ける。

## 37 待遇の問題もさることながら ★★

### どう使う？

「～もさることながら…」は「この車はデザインもさることながら、性能もいい」のように「～だけでなく…も」と言いたいときに使われる。「車選びはデザインもさることながら、安全性を重視すべきだ」のように「～も大切だが…はもっと重要だ」と言いたいときにも使う。

As in "この車はデザインもさることながら、性能もいい", "～もさることながら…" is used when you want to say "not only ～, but also …." You can also use it when you want to say "～ is important too, but … is more so" as in "車選びはデザインもさることながら、安全性を重視すべきだ".

**N ＋ もさることながら**

①少子化の原因は、晩婚化もさることながら、教育費の負担の大きさにもある。
②熱中症を予防するには、水分補給もさることながら、塩分などを適度にとる必要もある。
③学生街のレストランは味もさることながら、量が多いことが第一条件だと言われる。

### やってみよう！

▶答え　別冊P. 3

1）専門知識はもちろん必要だが、コミュニケーション能力はもっと必要だ。

　　a．専門知識もさることながら、コミュニケーション能力も必要だ。

　　b．コミュニケーション能力もさることながら、専門知識も必要だ。

2）健康のためにはもちろん治療も大切だが、それ以上に病気予防に努力する必要がある。

　　a．健康のためには予防もさることながら、治療に努力すべきだ。

　　b．健康のためには治療もさることながら、予防に努力すべきだ。

## 38 上司との関係であれ、同僚や後輩との関係であれ ★★

### どう使う？

「AであれBであれ…」は「AでもBでも」と例をあげて、「どんなものでも同じように…だ」と言いたいときに使われる。

"AであれBであれ…" is used when you want to say "no matter what it is, it is …" by giving examples "whether A or B."

**N₁ ＋ であれ ＋ N₂ ＋ であれ**

＊N₂には疑問詞も使われる。

①犬であれ猫であれ、このマンションでペットを飼うことは禁止されています。

② 2位であれ 3位であれ、優勝できなければ意味がない。

③ 論文であれ手紙であれ、他人（たにん）の書いたものを引用（いんよう）するときには、著作権（ちょさくけん）に配慮（はいりょ）しなければならない。

④ このウォーターカッターを使えば、コンクリートであれ何であ
れ、切れないものはない。

④

 **やってみよう！**

▶答え 別冊P. 3

1）風力（ふうりょく）発電（a．であれ　b．だし）太陽光（たいようこう）発電（a．であれ　b．だし）、再生可能（さいせい）
エネルギーの利用が望ましい。

2）彼は文科系（ぶんかけい）出身（a．であれ　b．だし）、まだ入社 3年目で経験不足（ぶそく）（a．であれ
b．だし）、今回のプロジェクトのリーダーを任（まか）せるには不安がある。

3）初めての海外旅行でカップラーメン（a．であれ　b．やら）パーティードレス
（a．であれ　b．やら）いろいろスーツケースに詰（つ）め込（こ）んだが、結局必要なかった。

4）子ども（a．であれ　b．とか）大人（a．であれ　b．とか）、交通ルールは守ら
なければならない。

「疑問詞（ぎもんし）（＋ N ）＋であれ」は「〜であっても」という意味で使われる。　★★
"疑問詞（ぎもんし）（＋ N ）＋であれ" is used to mean "even if 〜."

① たとえどんな理由であれ、暴力（ぼうりょく）は許されない。

② どこであれ、あなたの行くところへ私もついて行きたい。

## **39　現状に即（そく）した対応**　★★

 **どう使う？**

「〜に即（そく）して」は「ある状況や経験、規則に合わせて、（何かの行動をする）」と言いたいときに
使われる。法律や規則の場合、漢字は「則（そく）して」を使う。
"〜に即して" is used when you want to say "(to take some action) in line with a situation, experience or
rules." Use the kanji "則（そく）して" if referring to a law or rule.

N ＋ ┌ にそくして
　　　└ にそくした ＋ N

＊状況・経験・規則などを表す名詞（めいし）と一緒に使われる。

①地形や産業構造など地域の実情に即して、災害対策を急がなくてはならない。

②弊社は、時代に即した経営によって、常に業界をリードしてまいりました。

③この地区で路上喫煙すると、条例に則して1万円以下の罰金が科せられるそうだ。

## やってみよう！

▶答え 別冊P.3

1）どんな組織のリーダーでも、状況に即した（a．理想　b．判断）が求められるものだ。

2）顧客のニーズに即した（a．商品開発　b．市場調査）が企業の生き残りの道だ。

3）本校では（a．校長　b．規定）に則して、成績優秀者に奨学金が与えられることになっている。

## 40　今をおいて他にありません ★★

### どう使う？

「〜をおいて他にない」は「〜だけだ／〜以外ない」と言いたいときに使われる。「比べてみて〜が一番だ」と高い評価をしているときに使われることが多い。

"〜をおいて他にない" is used when you want to say "only 〜 / none other than 〜." This is often used when giving something high praise as in " 〜 is the best in comparison."

**N** ＋ をおいて他にない

＊「〜をおいて他にいない」「〜をおいてない」などの形も使われる。

①地球の生態系を保全し、環境を守ることができるのは、人類をおいて他にない。

②次期社長は、経歴、人格、実績すべての面からみて、彼をおいて他にいないだろう。

③有利な条件で転職するなら、景気が好転している今をおいて他にない。

④経営戦略論を学ぶとしたら、この大学のビジネススクールをおいて他にないと思うよ。

## やってみよう！

▶答え 別冊P.3

1）A：この仕事を任せられるのは、君（a．をおいて　b．をよそに）他にいないんだ。

　　B：はい、精一杯やらせていただきます。

2）もうすぐ雪がちらつき始める。渡り鳥が南へ向かうのは、今（a．をおいて　b．なしには）ない。

3）同窓会は恩師（a．をおいて　b．をぬきにして）開くことはできないだろう。

p.184　〜ほか

「何をおいても」は「どんな状況でも、まず第一に」という意味で使われる。 ★ ★

何をおいても is used to mean "first do this no matter what the situation is."

地震の際は、何をおいても、まず身の安全を確保してください。

## Check 📖

▶答え　別冊P. 3

1）丈夫な兄 ＿＿＿＿＿＿＿、弟は風邪をひいても入院するくらい病弱だ。

2）一流の通訳 ＿＿＿＿＿＿＿、いろいろな分野の知識が要求されるそうだ。

3）我が社の顧客情報は、個人情報保護法 ＿＿＿＿＿＿＿ 適正に処理し、
管理致します。

4）医療に関する件ならば、佐藤弁護士 ＿＿＿＿＿＿＿ 他にはいないと
言われている。

| に則して　　にひきかえ　　をおいて　　ともなると |
| --- |

5）武士たちは、有事の際は何 ＿＿＿＿＿＿＿ 駆けつけなければならない
ので、勝手にその土地を離れることはできなかったそうだ。

6）きっかけは何 ＿＿＿＿＿＿＿、走ることが楽しいと感じるようになれば
いいですね。

7）メロディーの美しさ ＿＿＿＿＿＿＿、子どもたちの澄んだ歌声が印象に
残った。

| をおいても　　もさることながら　　であれ |
| --- |

# 4 上司との付き合い方（2）

## できること

●実用書などを読んで、筆者の考察が理解できる。

Read a how-to-book and the like and understand the author's thoughts.

ちなみに、伸びる新人とは、どんな人なのでしょうか。それは素直な人だと多くのベテラン社員が言います。上司から言われたことは、とりあえず聞いて、その通りやってみましょう。それがあなたの成長につながるはずです。あなたの今後のキャリアライフは、言う**までもなく**上司との関係**いかん**にかかっているのです。

そうは言っても、上司も人間ですから、いろいろなタイプの人がいます。もし、どうしても好きになれない上司についてはどうしたらよいのでしょうか。

飲み会などで上司の悪口を言っても、一時の気晴らしにはなりますが、結局嫌な思いを自分の心に定着させてしまいます。それより、せめて、「嫌い」を「好きとは言えな**いまでも嫌いではない**」レベルまで持っていく努力をしてみましょう。これは「美的凝視」という方法です。例えば、細かいミスばかり指摘する嫌な上司に対しても、その長所に目を向けるように努力するのです。すると、叱るときは厳しいけれども、その後の面倒見の**よさといい**、緻密で正確な仕事ぶり**といい**、実は意外にデキる上司だと気づくこともあります。

長所を見つけたら、同僚の前で話題にしましょう。あなたが高く評価していることが同僚を通じて上司に伝われば、直接伝える以上に真実味を持つこともあります。よい人間関係は、いわば思いやりのギブ・アンド・テイク**といったところ**ではないでしょうか。あなたからも、ぜひ周囲の人に積極的に働きかけて、お互いを理解するきっかけをつかんでください。

## 41 言うまでもなく ★★★

### どう使う？

「～までもなく」は「すでにわかっていることや当然のことなので、～する必要がない」と言いたいときに使う。
Use "～までもなく" when you want to say "I have no need to do ～ because I already know it or because it is a matter of course."

**V-る** ＋ までもなく
　　　　 までもない

①遠方に足を運ぶまでもなく、ネットを通じて地方の特産品が手に入る時代になった。

②この程度のことなら、社長の指示を仰ぐまでもないだろう。

③環境保護の必要性は、改めて世論に問うまでもないことだ。

④彼が何を言いたいかは聞くまでもないよ。

### やってみよう！

▶答え　別冊P. 3

1）不景気で売り上げが減っていることは、決算書を見るまでもなく明らかだ。

   a．決算書を見ればわかることだ

   b．決算書を見なくてもわかることだ

   c．決算書を見なければわからないことだ

2）今さら言うまでもなく、タバコは「百害あって一利なし」です。

   a．言う必要もないが

   b．言ってもしかたがないが

   c．言わなければならないが

☞ p.184　～まで

## 42 上司との関係いかん ★★

### どう使う？

「～いかん」は「検査の結果いかんで、手術することになるかもしれない」のように「～（検査の結果）がどのような内容・状態かによって、どうなるかが決まる」と言いたいときに使われる。
As in "検査の結果いかんで、手術することになるかもしれない", "～いかん" is used when you want to say "what happens will be decided according to the nature / circumstances of ～（検査の結果）."

**N** ＋（の）＋ いかん

①戦争を回避できるかどうかは、今回の会談の結果いかんにかかっている。

②明日のロケット打ち上げは、天候いかんで延期になる可能性が出てきました。

③今回のツアーは政治情勢いかんによっては、中止になる場合もあります。

④いつの時代でも創意と工夫のいかんで、新たな事業の可能性が開けるはずだと信じている。

### やってみよう！

▶答え　別冊P. 3

1）新製品の売れ行きいかんで、　　・

2）テストの成績いかんによって、・

3）台風の今後の進路いかんでは、・

4）受講希望者の人数いかんによっ
ては、　　　　　　　　　　　　・

・a）飛行機が欠航になることもあります。

・b）次期のクラスが開講されないこともあります。

・c）ボーナスの額が増える可能性がある。

・d）奨学金の受給者が決まる。

---

「〜いかん」は「 N ＋ の ＋ いかん にかかわらず／によらず／を問わず」などの形で、「〜がどのような内容・状態であっても、関係なく」という意味で使う。　★★

"〜いかん" is used in forms such as " N ＋ の ＋ いかん にかかわらず／によらず／を問わず". Use it to mean "regardless of the nature or circumstances of 〜."

①お申し込み後は、理由のいかんにかかわらず、キャンセルできませんのでご了承ください。

②履歴書などの応募書類は、結果のいかんによらずご返却いたしません。

③この保険は、国籍のいかんを問わず、国内で働く全ての人に加入が義務づけられています。

---

### ✚ Plus

## いかんせん〜／いかんともしがたい　　★

「いかんせん〜／いかんともしがたい」は「残念だが、どうにもならない／どうすることもできない」という意味で使われる。

"いかんせん〜／いかんともしがたい" is used to mean "it's too bad, but nothing will change / there's nothing that can be done about it."

①彼女の誕生日だというのに、いかんせん給料日前で財布の中はからっぽだ。

②大学生チームも健闘しているが、やはりプロとの実力差はいかんともしがたい。

## **43　好きとは言えないまでも**　★★★

「AないまでもB」は「Aほど高いレベルではなくてもB程度は」と言いたいときに使う。
Use " Aないまでも B " when you want to say "even if it is not as high a level as A, at around B it is …."

**V- ない** ＋ **ないまでも**

①時給1,000円はもらえないまでも、850円はもらいたい。

②酒をやめろとは言わないまでも、せめて週に1日は飲まないほうがいいと思う。

③初めてテントに寝たが、快適とは言えないまでも、思ったほど悪くはなかった。

③

④リハビリを続けて、走れないまでも何とか歩けるようになった。

35
〜
45

やってみよう！

▶答え　別冊P.3

1）金メダルとは言わないまでも、せめて銅メダルはとってほしい。

　　a．金メダルがだめでも最低、銅メダルはとってほしい。

　　b．金メダルはほしくないが、銅メダルは必ずとってほしい。

　　c．金メダルはほしいが、銅メダルはいらない。

2）お腹を冷やすと<u>病気には至らないまでも体に悪い影響を与える</u>らしい。

　　a．病気にはならない場合も体に悪い影響がある

　　b．病気になって体に悪い影響がある

　　c．病気にならなければ体に悪い影響はない

3）そんな商売をしていたら、<u>法に触れないまでも信用を失う</u>ぞ。

　　a．法律違反で警察に捕まって、客に信用されなくなる

　　b．法律について考えないで商売をすると、客に信用されなくなる

　　c．法律には違反しないが、客に信用されなくなる

☞ p.184　〜まで

## 44 面倒見のよさ**といい**、仕事ぶり**といい** ★★

### どう使う？

「AといいBといい…」は、A・B2つの例をあげて「全体的に…だ」と言いたいときに使う。すばらしいと思ったり、ひどいと思ったりした自分の気持ちを言うときに使う。

Use "AといいBといい…" when you want to say "overall it is …" by giving two examples A and B. Use this when you express your personal feeling like when you think something is wonderful or when you think it is awful.

**N₁** + **といい** + **N₂** + **といい**

①濃厚なスープといい、麺のほどよい硬さといい、さすが日本一のラーメンだね。

②温泉といい、スキー場といい、冬の北海道は観光客にとって、魅力がいっぱいです。

③このホテルは全く期待はずれだった。サービスといい、料理といい、ひどいものだ。

### やってみよう！

▶答え　別冊P. 3

1）このプールは広さ（a．といい　b．なり）、深さ（a．といい　b．なり）、子どもがあそぶにはちょうどいい。

2）飲み物はアルコール（a．といい　b．であれ）、ソフトドリンク（a．といい　b．であれ）、別に料金がかかるんだって。

3）部長のネクタイは色（a．といい　b．であれ）柄（a．といい　b．であれ）センスがいいけど、自分で選んでいるのかな。

☞ p.180　～といい／といわず

## 45 ギブ・アンド・テイク**といったところ** ★★

### どう使う？

「～といったところだ」は、相手がわかりやすいように、違う言葉に言い換えたり、例を挙げたりするときに使う。

Use "～といったところだ" when you reword different words and give examples to make it easier for the listener to understand.

**N** + **といったところだ**

①人気役者の浮世絵は、今日でいえばアイドル写真といったところだ。

②今や、高速道路のサービスエリアは、温泉やショッピングまで楽しめるテーマパークといったところだ。

③子どもに人気の料理と言えば、カレーやハンバーグといったところでしょう。

④私が生まれたのは歴史のある古い町で、日本なら奈良や京都といったところです。

## やってみよう！

▶答え　別冊P.3

1）我が社の営業部長は、いわば陰の（a．社長　b．社員）といったところだ。重要な決定事項は彼ぬきでは決められない。

2）運動嫌いの人にお勧めの健康法は（a．ストレッチやウォーキング　b．マラソンやボクシング）といったところでしょうか。

☞ p.180　～といった　　☞ p.181　～ところ

## Check 📖

▶答え　別冊P.3

1）この程度の契約であれば、わざわざ君が行く＿＿＿＿＿＿＿＿よ。

2）レシピ通りに作れば、プロのようには作れ＿＿＿＿＿＿＿＿、家族に喜んでもらえる程度には作れますよ。

3）脳梗塞は初期の対応＿＿＿＿＿＿＿＿、その後の病状に大きな差が出ると言われる。

4）この著作物は、目的＿＿＿＿＿＿＿＿、無断転載を禁じます。

5）昔の犬の名前は、ポチやシロ＿＿＿＿＿＿＿＿だったが、最近はクッキーやショコラなど食べ物の名前が人気のようだ。

6）ファンティエットは美しい砂浜＿＿＿＿＿＿＿＿、すてきな街並み＿＿＿＿＿＿＿＿、新婚旅行にもおすすめのリゾート地です。

6）

| ないまでも | いかんによって | といったところ |
| ま»でもない | といい | のいかんにかかわらず |

▶解答　別冊P.11

**問題 1** 〈文法形式の判断〉

次の文の（　　）に入れるのに最もよいものを、1・2・3・4から一つ選びなさい。

1 A：どうして連絡してくれなかったの。
B：大したけがじゃないから、わざわざ知らせる（　　）と思ったんだ。

**1** はずもない　　**2** おそれがない　　**3** までもない　　**4** に違いない

2 担保がなくても、経営状態（　　）、融資が受けられる場合もあるらしいよ。

**1** いかんによらず　　　　　　**2** いかんにかかわらず

**3** いかんによって　　　　　　**4** いかんせん

3 出張でも観光でも目的は何（　　）、海外に行くときは保険をかけたほうがいいよ。

**1** とか　　　　**2** であれ　　　**3** やら　　　　**4** といい

4 仕事疲れのストレス解消方法は、仕事を少し忘れてみること、それ（　　）でしょう。散歩や旅行などで気分転換を図りましょう。

**1** をはじめとする　　　　　　**2** をおいてない

**3** を問わない　　　　　　　　**4** をもとにした

5 我が校は医学部の研究設備が充実しているの（　　）、工学部は実験装置さえ満足に整っていない。

**1** にひきかえ　　　　　　　　**2** をぬきにして

**3** もさることながら　　　　　**4** に限らず

6 道路交通法を現状（　　）改正してほしい。

**1** をよそに　　**2** に即して　　**3** をおいて　　**4** であれ

<u>7</u>　窓ガラスを交換すれば、この騒音が（　　　　）、だいぶ静かにはなりますよ。

**1**　なくならないうちに　　　　　　**2**　なくならないことには

**3**　なくならないまでも　　　　　　**4**　なくならないかぎりは

<u>8</u>　勤続20年のベテラン（　　　　）、音を聞いただけで機械の故障がわかるという。

**1**　ともなれば　　**2**　はおろか　　**3**　といった　　**4**　といえども

**問題2**　〈文の組み立て〉

次の文の＿★＿に入る最もよいものを、1・2・3・4から一つ選びなさい。

<u>1</u>　移転先は、交通の便といい　＿＿＿　＿＿＿　＿★＿　＿＿＿　他にないと思われる。

**1**　良さといい　　**2**　治安の　　**3**　をおいて　　**4**　ここ

<u>2</u>　当校は、納入された　＿＿＿　＿＿＿　＿★＿　＿＿＿　いたしません。

**1**　理由の　　　　　　　　　　　　**2**　返還

**3**　いかんにかかわらず　　　　　　**4**　入学金は

<u>3</u>　掃除ロボット"R"は、＿＿＿　＿＿＿　＿★＿　＿＿＿
かわいい動きで、人気に火がついた。

**1**　ような　　　　**2**　ペットの　　　**3**　機能面も　　　**4**　さることながら

**問題3**　〈文章の文法〉

次の文章を読んで、　1　から　4　の中に入る最もよいものを、1・2・3・4から一つ選びなさい。

　社員数が1,000人を超える会社　1　管理職だけが頑張ってどうにかなるものではありません。一人一人の社員の意識が大切です。私の部署でも、余暇を上手に使って、資格を取得する者や、資格は　2　専門書をよく読んでいる者など、役職や

仕事の経験年数の　[3]　前向きな社員ばかりです。

　　また、社員がなかなか定着しないと嘆いている会社が多いのにひきかえ、我が社は　[4]　。社員同士のコミュニケーションもとれ、効率の良い仕事のし方が工夫されているからだと自負しています。

[1]　1　に即して　　　2　をもって　　　3　ともなると　　　4　あっての

[2]　1　取らないまでも　　　　　　　2　取るべきではなく
　　　3　取ったがさいご　　　　　　　4　取ることをおいて

[3]　1　いかんともしがたく　　　　　2　いかんにかかわらず
　　　3　いかんで　　　　　　　　　　4　いかんによって

[4]　1　中途退職者がほとんどいません　2　中途退職者がほとんどです
　　　3　新入社員が毎年入ってきます　　4　新入社員が毎年辞めていきます

**問題4**　〈聴解〉

この問題では、問題用紙に何も印刷されていません。まず文を聞いてください。それから、それに対する返事を聞いて、1から3の中から、最もよいものを一つ選んでください。

[1]　1　　　2　　　3　　　🎧CD14

[2]　1　　　2　　　3　　　🎧CD15

[3]　1　　　2　　　3　　　🎧CD16

# 5 転職（1）

## できること

● ドラマのシナリオを読んで、登場人物の批判的な心情が理解できる。
Read a scenario in a drama and understand the critical emotions of characters.

CD 17

【某月某日】

毎々新聞　社会面見出し

警備会社、三千万円奪われる ── 宿直社員は居眠り

警察署　取調室

警備会社の部長・阿部、机をはさんで刑事

刑事「一体どうなっているんですか、おたくの社員は。」

阿部「はあ……。」

刑事「本当に間が抜けているといおうか、無責任といおうか。宿直がですよ、誰も見ていないのをいいことに、ぐっすり寝込んでいたなんて……。」

阿部「いやぁ……。」

刑事「何度聞いても『私は寝ていました。記憶にありません』を繰り返すだけだ。おたくは警備会社なんでしょう。そんな言い訳、誰が納得するんですか。自覚がないにもほどがありますよ。厳しい監視をくぐり抜けてやられたならまだしも、これは警備以前の問題じゃないですかね。」

阿部「う～ん……。」

刑事「まあ、被害者の方にこんなこと言うのも酷だけど、これは起こるべくして起こった事件と言ってもいい。業種が業種なだけに、これからマスコミも騒ぎ出すでしょう。あなたも覚悟しないと……。」

（阿部を見る刑事の目、鋭い）

46
〜
64

# 46 間が抜けているといおうか、無責任といおうか ★★

## どう使う？

「AといおうかBといおうか」は、説明したり例えたりするとき、ぴったり合う表現を考えながら言うときに使われる。「（変な絵だと思いながら）個性的といおうか、とても真似できないといおうか、ユニークな絵だね」のように、直接的に言うのを避けたいときに使われることもある。

"AといおうかBといおうか" is used when you explain something or give an example as you think of the right expression to use. As in "(as you think a picture is strange) 個性的といおうか、とても真似できないといおうか、ユニークな絵だね", this is also used when you want to avoid saying something directly.

Pl₁ ＋ といおうか ＋ Pl₂ ＋ といおうか
［なAだ Nだ］　　［なAだ Nだ］

＊「〜といおうか」だけでも使われる。
＊「〜というべきか」「〜というか」も同じ意味で使われる。

①彼女の存在は、砂漠のオアシスといおうか、嵐の夜の灯台といおうか、辛い毎日の中の大きな慰めだ。

②このお弁当、量が少ないというか、味が薄いというか、とにかく物足りないんだよ。

③電車で財布を盗まれたんですが、運がよかったというべきか悪かったというべきか、中には100円しか入っていなかったんです。

④やる気があるのはいいのだが、積極的すぎるといおうか、言い方がストレートといおうか、もう少しチームのメンバーの気持ちも考えたほうが……。

⑤入社して2年も経つのに社長の名前さえ言えないとは、上司として情けないといおうか何といおうか、全く言葉もないよ。

⑥あの店員、5万円の化粧水を勧めるなんて、庶民感覚を知らないといおうか……。

## やってみよう！

▶答え 別冊P.3

1）君の論文、テーマは面白いんだけど、分析が甘いといおうか、論旨があいまいといおうか、（a．字を大きくして読みやすくしたらどう　b．全体の構成を見直したほうがいいんじゃない）？

2）台風のさなかにサーフィンするなんて、無茶といおうか、怖いもの知らずといおうか、（a．無謀な行為としか思えない　b．禁止されている）。

2）

3）彼はルーズといおうか、大らかといおうか、（a．少しだらしない　b．心が広くて優しい）ところがある。

4）A：このコート、品質
、よさそうよ。値段も手ごろだし……。

B：う～ん、センスが今一つというか何というか、（a．やっぱりこれが一番いいよね

b．あんまり買う気になれないな）。

## 47 誰も見ていないのをいいことに ★★

### どう使う？

「～のをいいことに」は「～の状況を都合よく利用して、（良くないことをする）」と批判的な気
持ちで言いたいときに使われる。

"～をいいことに…" is used when you want to state a critical feeling that someone "took advantage of situation ～ (and did something bad)."

PI ＋ の ＋ をいいことに

［ なA だな　N だな ］

＊「 N をいいことに」「 なA ／ N であるのをいいことに」の形も使われる。

①夜間、人気がないのをいいことに、トンネル内の落書きはエスカレートする一方です。

②山本君は電車が遅れたのをいいことに、テストが終わる頃、堂々とやってきた。

③どうやらうちの猫、飼い主の留守をいいことにいたずらをしたらしく、部屋がめちゃく
ちゃだ。

④表現の自由は守るべき権利の1つだが、それをいいことに他人を傷つけるような作品を
面白半分に作る人たちを認めるべきではない。

### やってみよう！

▶答え　別冊P. 4

1）小川さんったら店員が見ていな
いのをいいことに、　　　　　　・

2）社長の甥であるのをいいことに、・

3）誰にも疑われていないのをいい
ことに、　　　　　　　　　　　・

4）親が叱らないのをいいことに、・

・a）上司に反抗したり仕事をさぼったりと、
彼は好き勝手なことばかりしている。

・b）彼女は会社の金を使い続けた。

・c）子どもは電車の中を走り回っている。

・d）試食のチョコレートを3つも食べた
んだよ。

## 48 誰が納得するんですか　★

### どう使う？

「～か」は「こんな少しで足りるか！ もっとくれ」のように、質問の形だが、「違う！ 絶対に～ない（足りない）」と強く否定する気持ちを表す。
As in "こんな少しで足りるか！ もっとくれ", "～か" expresses a strongly negative emotion in the form of a question that says "No! It's absolutely not ～（足りない）!"

**文** ＋ か

①私は医者なんです。薬がないからといって、患者を放っておけますか。
②善意の寄付金を着服するなんて、そんな政治家、許すことができますか。
③こんなくだらない番組、３時間も見ていられるか。
④あとちょっとで頂上なんだから、少し雨が降ってきたからといって今さら引き返せるか。

## 49 自覚がないにもほどがあります　★★

### どう使う？

「～にもほどがある」は「あまりにも～すぎる」と、良くない状況を強調して言いたいときに使う。
Use "～にもほどがある" when you want to emphasize a situation that is not good, saying something is "much too ～."

**PI** ＋ にもほどがある
［現在形のみ］［**なA** だ **N** だ］

①両親が苦労して送ってくれたお金を遊びに使うなんて、親不孝にもほどがある。

②無灯火の上にメールをしながら自転車に乗るなんて、非常識にもほどがありますよ。

②

③中身を減らして、２割引きと言って売るなんて、客を馬鹿にするにもほどがある。

④A：政治のことを全く知らない君が国会議員になろうなんて、冗談にもほどがある。
　B：僕は本気だよ。もっと市民の視点で政治を行う人間が必要だと思うんだ。

⑤A：あの人、友だちの結婚式に白いドレス着て行ったんだって。
　B：え?! 物を知らないにもほどがあるよね。

## やってみよう！

1）入社式に親がついて行くとは、　　　・

2）借りた金を返さずに、また借りに来
　　るとは、　　　　　　　　　　　・

3）買いすぎて食べる前に腐らせちゃう
　　なんて、　　　　　　　　　　　・

4）泥棒に同情してお金をあげるなんて、・

・a）図々しいにもほどがある。

・b）もったいないにもほどがあるよ。

・c）人がいいにもほどがある。

・d）過保護にもほどがある。

---

## 50　厳しい監視をくぐり抜けてやられた**ならまだしも**　★★★

### どう使う？

「Aならまだしも B」は「Aなら何とか受け入れてもいいと思うが、Bは受け入れられない／変
だ」と言いたいときに使われる。

" Aならまだしも B " is used when you want to say "I think I can accept A somehow, but I can't accept B; B is
peculiar."

**PI** ＋ ならまだしも

[**な A** だ　**N** だ]

＊「だけ」「から」「で」などにも接続する。

46
〜
64

①

①スニーカーならまだしも、サンダルやハイヒールで登山なん
　て無茶だ。

②A：安いホテルならまだしも、有名旅館でこのサービスはひ
　　　どすぎるよね。

　B：まあ、料理はおいしいし、温泉もいいからいいじゃない。

③自分で払うならまだしも、全部僕に払わせるのにまだ食べるつもり？

④電気代が上がった。それだけならまだしも、4月から家賃を2,000円上げると言われて、
　困っている。

⑤A：この靴、いいんだけど小さいサイズしかないんだって……。

　B：大きいならまだしも、小さい靴じゃどうしようもないよね。

**やってみよう！**

▶答え　別冊P.4

1）A：え？　新車を買うの？

　　B：（a．よく使う　b．あまり使わない）ならまだしも、

　　　　週に1回も乗らないのに、必要ないでしょう？

2）お父さん、（a．家で　b．近所で）ならまだしも、パジャ

　　マで外へ出るのはやめてほしいんだけど……。

3）（a．たくさん　b．安かった）ならまだしも、定価でいく

　　つも買ってくるなんて、どういうつもり？

4）隣の部屋の騒音、（a．たまに　b．いつも）ならまだしも、こう続くとまいっちゃ

　　うよ。

2）

☞ p.182　〜なら

## 51　警備以前の問題　★★★

**どう使う？**

「〜以前」は「〜よりもっと前の基本的な段階だ」と言って、状況を批判するときに使われる。
"〜以前" is used when you criticize a situation by saying "we're at a basic stage, far from 〜."

**N** ＋ 以前

＊「なA／N である以前」「疑問詞＋〜か」「〜かどうか」の形も使われる。
＊「できるできない」のような肯定形＋否定形の形や、「大きい小さい」のように反対の意味を表す形容詞を重ねる形なども
　使われる。

①きちんと挨拶するのはビジネスマナー以前の常識だと思いますね。

②A：宇宙旅行って、どうやって予約するんだろう。

　B：予約のし方以前に、お前、いくらかかるか知ってるのかよ。

③A：日本文化紹介のホームページなのに、日本語と英語しかないのはちょっと……。

　B：それ以前の問題として、写真が少なくて魅力がないと思います。

④A：このキノコ、きれいね。おいしいかな。

　B：ちょっと待ってよ。おいしいおいしくない以前に、食べても
　　　大丈夫なの？

④

▶答え　別冊P. 4

1 ）A：さっきの会議、どうして発言しなかったんだ。英語が苦手だからか？

　　B：いえ、（a．英語　b．会議）以前の問題でして、自分の考えがまとまらなかっ

　　　　たんです。

2 ）A：今度のプロジェクト、いつ始めるんですか。

　　B：それは未定だね。（a．いつ始めるか　b．未定かどうか）以前に、実施するか

　　　　どうかを今検討中だから。

3 ）A：就活、頑張ってる？

　　B：（a．卒業　b．就職）以前に、大学の卒業単位が危ないんだよ。

4 ）A：このレポート、ちょっと読んでみてくれない？

　　B：うーん。（a．締切　b．内容）以前に、誤字脱字が多すぎるよ。

## 52　起こるべくして起こった事件　★★

**どう使う？**

「〜べくして」は「状況からわかるように、当然の結果として〜になった」と言いたいときに使う。
Use "〜べくして" when you want to say "a natural result 〜 as you would expect from the situation."

**V-る** ＋ べくして ＋ **V-た**

＊「する」は「すべく」の形もある。

＊ **V** には同じ動詞が使われる。

①この車は燃費も良く、洗練されたデザインで、売れるべくして売れたと言える。

②従業員の幸福と顧客の満足を追求したこのスーパーは、成功するべくして成功したと

　言えよう。

③指摘された欠陥を放置していたのだから、これは起こるべくして起こった事故だ。

④70億の人間の中で、私たち2人はめぐり会うべくしてめぐり会ったのだと思います。

▶答え　別冊P. 4

1 ）2年前に一緒に会社を作ったころから、もう経営に対する考え方が（a．違っていた

　　b．一致していた）から、あの2人は、別れるべくして別れたのだと思う。

2）このアニメは、ヒットするべくしてヒットしたと言える。原作が（a．無名のマンガ
で声優も新人　b．大人気のマンガで声優も一流）。その上、宣伝にも力を入れてい
たのだから。

3）あの会社の（a．健全な　b．ずさんな）経営体質を考えると、今回の問題は出るべ
くして出たと言わざるを得ないだろう。

4）彼女は選ばれるべくして選ばれた。（a．たまたま運が良かった　b．それだけの実
績をあげている）のだから。

☞ p.184　〜べき／べく／べからず

## 53　業種が業種なだけに　★★

### どう使う？

「AがAだけに」は「他の場合と違って、特別なAだから」と言いたいときに使う。
Use " AがAだけに " when you want to say "unlike other things, A is special, so ….."

Ⓝ　＋　が　＋　Ⓝ（な）　＋　だけに

＊Ⓝには同じ名詞が使われる。

①A：部長に連絡しなきゃいけないんだけど、時間が時間なだけに電話はまずいよね。

　B：そうね。とりあえずメールだけ送っておいて、明日の朝報告したら？

②A：上司の悪口を間違えて社内に一斉送信しちゃったんだって？

　B：うん。内容が内容だけに、会社に行けないよ。どうしよう……。

③これは国宝級の仏像なのです。物が物だけに、普通の運送業者には頼めません。

④A：部下が顧客データを流出させてしまったんです。どうしたらいいでしょうか。

　B：ことがことだけに 公 にしないわけにはいかないな。

### やってみよう！

▶答え　別冊P. 4

1）相手が相手だけに、緊迫した試合になるだろう。

　　a．相手は初心者だから　　　　　　b．相手も強いから

2）相手が相手だけに、本気を出したらかわいそうだ。

　　a．相手は初心者だから　　　　　　b．相手も強いから

3）乗っている車が車だけに、金持ちだと誤解されるかもしれないよ。

　　a．外国の高級車だから　　　　　b．国産の小型車だから

4）着ている服が服なだけに、こんな高級レストランには入りづらい。

　　a．Tシャツとジーンズだから　　　b．スーツにネクタイだから

## Check 📖

▶答え　別冊P.4

1）状況が状況な＿＿＿＿＿＿＿＿、家族の許可をとっている暇はない。とにかく手術を始めよう。

2）匿名＿＿＿＿＿＿＿＿、ネット上で知り合いを中傷していた男が訴えられたそうだ。

3）自分だけ＿＿＿＿＿＿＿＿、家族にも悪影響があるわけですから、たばこはやめたほうがいいですよ。

4）髪の毛が1本落ちていただけで、掃除をやり直すなんてきれい好き＿＿＿＿＿＿＿＿。

| ならまだしも　　をいいことに　　だけに　　にもほどがある |
| --- |

5）今日の試合は負ける＿＿＿＿＿＿＿＿負けたと思います。自分たちの力を過信していたのが敗因です。

6）出発は来週だというのに、のんびりしている＿＿＿＿＿＿＿＿、まだ飛行機の予約をしていないそうだ。

7）当時は、治療法＿＿＿＿＿＿＿＿、それが病気なのかどうかさえわからなかった。

8）A：自分のせいで困ってるんだから、放っておけば？

　　B：あの人は俺の命の恩人だ。放っておける＿＿＿＿＿＿＿＿。

| 以前に　　といおうか　　べくして　　か |
| --- |

# 5 転職（2）

てんしょく

## できること

● ドラマのシナリオを読んで、登場人物の複雑な心情が理解できる。

Read a scenario in a drama and understand the complex emotions of characters.

CD 18

警備会社、社長室

阿部と社長、少し離れて、制服姿のガードマンが立っている。

社長「やれやれ、こいつのおかげで、事件以来、早朝といわず、深夜といわず、電話は鳴りっぱなし、電話に出たら出たで、どこの誰ともわからんやつに、まったく聞くにたえないような言葉で怒鳴られる。こっちは誠意をもって対応しているのに……。」

阿部「ほんとに……。」

社長「マスコミの連中も、ただ面白がってるだけだ。我々が一歩でも外に出ようものなら、何十人と群がってくる。人件費を抑えるつもりで君の意見を入れて思い切って導入したが、裏目に出てしまったな。」

阿部「はあ、申し訳ありません。」

社長「いっそのこと公表するか。あの居眠りガードマンが、実は……」

ガードマンのほうに視線を移す社長。阿部の顔色が変わる。

阿部「いや、いや、それだけは、絶対に、絶対に、ダメです。ここで、真実を明かせば、さらに信用をなくします。他の社員の手前、解雇という名目で廃棄処分にするべきです！」

社長「だが、あれの開発には一千万かかっている。一般の人間ならいざしらず、警察の取り調べにも正体がバレなかったのなら、まだ使い道はある。何とか廃棄せずに働かせられないものか……。」

阿部「はあ……。」

社長「こいつが目立たないように使える部署があれば、それに越したことはない。マスコミに気づかれないうちに、何とかしてくれ。」

## 54 早朝といわず、深夜といわず ★

### どう使う？

「AといわずBといわず」は「AでもBでも何でもすべて」という意味を表す。

" AといわずBといわず " is an expression that means "A, and B, and everything."

**N₁** ＋ といわず ＋ **N₂** ＋ といわず

①昼といわず、夜といわず、大型のダンプカーが通るのでうちが揺れて困る。

②キティちゃん好きの彼女は服といわず、文具といわず、全部キティちゃんグッズで統一

　している。

③社交的な田中君は、先輩といわず後輩といわず、誰彼なしに気軽に声をかける人だ。

④彼の部屋は、床といわずベッドの上といわず、いろいろなものが散乱しています。

☞ p.180 〜といい／といわず

## 55 電話に出たら出たで ★★

### どう使う？

「AたらAたで」は「車はないと不便だが、あったらあったで維持費がかかるから困ったものだ」のように「AでもAでなくても（車があってもなくても）どちらもよくない」と言いたいときや、「失敗したら失敗したでまたやればいい」のように「大したことではない」と言いたいときに使われる。

As in " 車はないと不便だが、あったらあったで維持費がかかるから困ったものだ ", " AたらAたで " is used when you want to say "with or without A（車があってもなくても）neither is good," or when you want to say "it's not a big deal" as in " 失敗したら失敗したでまたやればいい ".

**PI** ＋ ら ＋ **PI** ＋ で
［過去形のみ］［過去形のみ］

＊ **PI** には同じ言葉が使われる。

＊形容詞のときは後ろの **PI** に現在形が使われることもある。

①部屋にほこりがたまれば文句を言うし、掃除をしたらしたで、「勝手に入った」と怒る

　し、全く高校生の息子は扱いにくい。

②家賃が高いのも困るけど、安かったら安かったで何か問題がありそうで不安だよね。

③彼女ったら、メールの返信が遅いと文句を言うし、早かったら早いで「ちゃんと読んで

　ないんじゃない？」って疑うんだ。

④A：運動会、嫌だな。ビリだったら恥ずかしいし……。

　B：ビリだったらビリだったで、また練習して速く走れるようになればいいんだよ。

46
〜
64

⑤A：傘、持って行く？

　B：邪魔だよ。雨が降ったら降ったで、買えばいいよ。

 やってみよう！

▶答え　別冊P.4

1）料理をしてと頼めば手を切るし、・

・a）就職したらしたで給料だけで生活できず、親に頼ってしまい申し訳ない。

2）深いプールでの事故は想像しやすいが、・

・b）引っ越しを手伝ってもらったらもらったで腰が痛いなんて言われるし、もうあの人に頼むのはよそう。

3）学生時代は学費だ合宿だとお金がかかり、・

・c）終電に乗れなかったら乗れなかったで、友達のうちに泊まるから大丈夫だよ。

4）今日は仕事、何時に終わるかわからないんだけど、・

・d）浅かったら浅かったで飛び込みなどによる事故の心配がある。

 p.180　〜たら

## ✚ Plus

### 〜ば 〜で　★★

「〜ば 〜で」も同じように使われる。

①A：お宅は広い庭があってうらやましいですね。

　B：いえ。庭があればあったで、手入れに時間もお金もかかるので……。

②結婚式なんて、しなければしないで別に構わないという人もいる。

③スーツケースは、小さければ小さいで不便だし、大きければ大きいで邪魔になる。

## 56　聞くにたえない　★

### どう使う？

「〜にたえない」は「状況がひどすぎて、見たり聞いたりするのがつらい／我慢できない」という意味を表す。

"〜にたえない" is an expression that means "the situation is so awful it pains me to watch or listen / I can't stand it."

V-る
N　＋　にたえない

＊「聞く・見る・読む・正視・傾聴」などの限られた言葉と一緒に使われる。

①言い訳ばかりしている政治家の話は聞くにたえない。

②この小説は内容も低俗で、表現も稚拙で、読むにたえない。

③人目も構わず電車の中で化粧している女性の姿は見るにたえないと祖母は嘆く。

④強行採決をめぐる国会での乱闘騒ぎは、全く正視にたえない。

☞ p.183　〜にたえない

## 57　一歩でも外に出ようものなら　★★

### どう使う？

「〜（よ）うものなら」は「もし〜したら（よくない結果になる）」と言いたいときに使われる。「大変なことになる／大きな影響がある」と言うときに使われることが多い。

"〜（よ）うものなら" is used when you want to say "if you do 〜 (then the result will not be good)". This is often used when you say something "will become very difficult or have a major impact".

### V-よう ＋ ものなら

＊話し言葉では「〜もんなら」も使われる。

①近頃のアルバイトはちょっと注意しようものなら、すぐ「じゃ、辞めます」と言いかねない。

②帰宅途中で彼女に捕まろうものなら、1時間はおしゃべりに付き合わされる。

③1個でも不良品が出ようものなら、契約が取り消されるんだ。お前、下請けの厳しさがわかっているのか。

④このまま不景気が続こうものなら、我々のような零細企業は軒並みつぶれてしまう。

⑤うちの奥さん、ちょっとでも言い返そうもんなら、こっちが謝るまで口をきいてくれないんだ。

### やってみよう！

▶答え　別冊P. 4

1）この町は道を1本間違えようものなら、　・

2）あそこの店、ちょっと立ち止まって見ていようものなら、　・

3）こんな日に舟で海に出ようものなら、　・

4）卒業論文の提出が1秒でも遅れようものなら、　・

・a）店員が寄ってきて、あれこれ言うから、うるさいんだ。

・b）あっという間に転覆してしまうぞ。

・c）留年を余儀なくされるんだから、みんな必死だよ。

・d）全然知らない場所に出てしまう。

☞ p.185　〜もの／もん　☞ p.186　〜よう

## 58　一般の人間ならいざしらず　★

### どう使う？

「〜ならいざしらず」は「〜ならそうかもしれないが、〜ではないので」という気持ちを表す。
"〜ならいざしらず" is an expression that means "that might be the case if 〜, but not 〜."

PI ＋ ならいざしらず
[なAだ Nだ]

①加藤さんのように英語が上手ならいざしらず、僕に会議の通訳なんて無理ですよ。

②学生時代ならいざしらず、君ももう社会人になったのだから、少しは大人としての自覚を持つべきじゃないのか。

③自分が不愉快な思いをしたならいざしらず、ネットの情報だけで駄目な店だと言いふらすのはおかしい。

④20年前ならいざしらず、今は世界中の人と瞬時にコンタクトがとれる時代ですよ。わざわざ出張しなくてもテレビ会議ですむんじゃないですか。

☞ p.182　〜なら


## 59　働かせられないものか　★

### どう使う？

「〜ないものか」は「何とか〜したい／〜をしてほしい」という気持ちや、「難しいとわかっていることだが、それでも実現させたい／実現してほしい」と願う気持ちを表す。
"〜ないものか" expresses a feeling that says "I want 〜 somehow / want you to do 〜" or a hopeful feeling that "I know it's difficult, but even so I want to make it happen / want you to make it happen."

V-ない ＋ ないものか

＊「〜ものだろうか」「〜ものでしょうか」の形も使われる。

①

①花粉症の季節がやってきた。この目のかゆみと止まらない鼻水を

　何とかできないものか。

②ラッシュアワーの殺人的な混雑は何とかならないものか。

③学校に行けない子どもたちのために、何か支援はできないものだろうか。

④お忙しいことは存じておりますが、一度お話だけでも聞いていただけないものでしょうか。

☞ p.185　〜もの／もん

## 60 それに越したことはない ★★★

### どう使う？

「〜に越したことはない」は「できれば〜のほうがいい」と、一般的にいいと思われることを言うときに使う。

Use "〜に越したことはない" when you say that something is generally thought of as a good idea, as in "you should do 〜 if possible."

V-る ／ V-ない
いA
なA だ
N だ
＋ に越したことはない

①癌に限らず、病気の発見は早いに越したことはない。

②ピアニストを目指すなら、早く始めるに越したことはないでしょうが、高校生から始めてプロになった人もいますよ。

③運動は毎日続けるに越したことはないですが、無理せず自分のペースですることも大切です。

④万一に備えて消火器は必ず設置してください。もちろん使わないに越したことはありませんが……。

⑤家を借りるなら車庫つきに越したことはないけど、近くに駐車場があれば我慢するよ。

46 〜 64

### やってみよう！

▶答え 別冊P. 4

1）スピーチは原稿を見ないに越したことはないが、（a．メモを見てはいけないことになっている　b．メモぐらいは持っていてもいいだろう）。

2）災害に備えるに越したことはないと思うので、（a．うちには3日分の非常食が置いてあります　b．とても不安で、夜も寝られません）。

3）この本の学習項目は全部覚えるに越したことはないですが、（a．★の数にかかわらず、全部やってみようと思っています　b．時間がなければ、★が多いものから勉強したほうがいいですよ）。

## Check

▶答え 別冊P. 4

**1**

1）ホテルで働くなら外国語ができる　＿＿＿＿＿＿＿＿　が、お客様への応対がきちんとできることのほうが大切だ。

2）最近、隣（となり）の人がバイオリンの練習を始めたんだけど、ほとんど騒音（そうおん）で聞く＿＿＿＿＿＿＿＿んだ。

3）天才（てんさい）＿＿＿＿＿＿＿＿、難関（なんかん）の国家試験に普通の人間が努力もせずに受かるわけがない。

4）中村（なかむら）には言うな。あいつに知られ＿＿＿＿＿＿＿＿、その日のうちに学校中に知れ渡っちゃうから。

5）A：鈴木（すずき）さんと加藤（かとう）さん、けんかしたんだって？

　　B：うん。あの２人は親友だったんだから、何とか仲直りでき＿＿＿＿＿＿＿＿と思っているんだけど……。

> ようものなら　　ならいざしらず　　にたえない　　ないものか
> に越（こ）したことはない

**2**

1）自分の考えを主張しなきゃだめだと言いながら、（a．意見を言ったら言ったで　b．主張といわず意見といわず）「生意気だ（なまいき）」と言う。こんな上司では、やる気になれないよ。

2）彼は好きなゲームの関連グッズは（a．CDと言えば言ったで　b．CDといわずフィギュアといわず）、全部買っているらしいよ。

## できること

● ドラマのシナリオを読んで、状況や登場人物の心情（しんじょう）が理解できる。
Read a scenario in a drama and understand the situation and emotions of characters.

CD 19

警備会社（けいびがいしゃ）、地下倉庫（そうこ）。ガードマンと阿部（あべ）

ガードマン「部長、オ疲レサマデス。命令ヲドウゾ。」

阿部（あべ）「これでお別れだ。ロボット**とはいえ**、お前はいい相棒（あいぼう）だったよ。」

ガードマン「"オ別レ" ……ソノ命令ハ、職務範囲（しょくむはんい）ニ、存在シ……」

阿部（あべ）、ガードマンの帽子（ぼうし）を外（はず）し、額（ひたい）からメモリーチップを抜き出す。

ガードマン「○×△☆□○×△☆□○×△☆□ ‼──」

警備会社（けいびがいしゃ）、社員食堂。テーブルに若い社員A・B

社員A「一体どうなるんだろな、この会社。部長は行方不明（ゆくえふめい）、社長は毎日警察だし……。つぶれる前に、次の仕事考え

社員B「この会社もせいぜいあと半年**といったところ**だろうな。のんびりしちゃいられないな。」

社員A「将来を考えると俺も不安だけど、この不景気じゃ辞める**に辞められない**よ。」

社員B「結局消えたのは、三千万と、居眠り（いねむ）したやつと、部長か……。」

ピンクの制服姿（すがた）のウェイトレスが通り過ぎる。

社員A「あれ、ここ、セルフサービスやめたわけ？ こんな会社の危機（きき）に、新人かよ……。お！ 彼女、けっこう、かわいいんじゃない？」

Aの視線（しせん）を感知（かんち）し、メニューを持って近づくウェイトレス

ウェイトレス「オ客様、イラッシャイマセ。注文ヲ、ドウゾ。」

社員A「ねえ、今日何時に終わんの？ 俺（おれ）、営業部の山田（やまだ）っていうんだけど、よかったら、30分だけ、お茶とかどう？」

社員B「お前、注文**にかこつけて**、何聞いてるんだよ。」

ウェイトレス「"ヨカッタラ、30分ダケ、オ茶トカドウ" ……ソノ注文ハ、職務範囲（むはんい）ニ、存在シマセン。」

── 終わり ──

## 61 ロボットとはいえ ★★★

### どう使う？

「AとはいえB」は「春とはいえ、今日はまだ寒い」のように「確かにA（今は春）だが、それから予想や期待されること（暖かい）とは違うBだ（まだ寒い）」と言いたいときに使われる。

As in " 春とはいえ、今日はまだ寒い", " AとはいえB " is used when you want to say "it certainly is A（今は春）, but unlike what you would expect from that（暖かい）, it's still B（まだ寒い）."

**PI** ＋ とはいえ

［ **なA**（だ） **N**（だ）］

＊接続詞としても使われる。

①親子とはいえ、触れてはならないプライバシーというものがある。

②ペット可のマンションとはいえ、どんな動物でも飼えるわけではない。

③いくら虫が苦手だとはいえ、そんなに殺虫剤をまくと体に悪いよ。　　　③

④容疑者が逮捕されたとはいえ、事件の全面解決までには、まだ時間

　がかかるだろう。

⑤ここ数年で、市民の環境衛生に対する意識は飛躍的に向上している。とはいえ、新たな感染症への備えも怠ってはならない。

### やってみよう！

▶答え　別冊P. 4

1）無事に退院したとはいえ、（ a．職場への復帰が急がれます　b．しばらくは自宅で静養が必要です）。

2）いくら上司の命令とはいえ、仕事の内容によっては（ a．従えないこともある　b．従えないでもない）。

3）悲惨な事故現場を目にして、予想していたこととはいえ、（ a．驚くほどのことはなかった　b．さすがにショックを受けた）。

4）生産ラインの機械化が進んだとはいえ、（ a．まだ全てを機械に任せることはできない　b．人件費が大幅に削減できた）。

☞ p.180　〜といえ／とはいえ

## **62** せいぜいあと半年**といったところだ** ★★

▷答え 別冊P. 4

### どう使う？

「〜といったところだ」は「程度や数量がだいたいそのくらいだ」と言いたいときに使われる。十分ではないという気持ちを表すことが多い。「せいぜい・やっと・なんとか」などの言葉と一緒に使われることが多い。

"〜といったところだ" is used when you want to say "about that extent or amount." This often expresses the feeling that it is not enough. It is often used together with words such as "せいぜい・やっと・なんとか".

V-る
N 　＋ といったところだ

① 時給が上がるといっても期待しないほうがいいよ。せいぜい50円といったところだよ。
② 桜はまだ五分咲きといったところで、見頃になるまであと数日です。
③ A：ご趣味はピアノだと伺いましたが……。

　　B：いやいや、やっと右手でドレミが弾けるといったところですよ。

### やってみよう！

1）A：スワヒリ語がおできになるそうですね。

　　B：できるなんて、とんでもない。何とか（a．買い物　b．通訳）ができるといったところですよ。

2）A：来週までに1,000個納品してもらいたいんだが……。

　　B：この機械で作れるのは1日にせいぜい80個ぐらいなので、週末をつぶしても納品できるのは（a．1,000個　b．600個）といったところなんですが……。

3）ここは（a．田舎の駅　b．乗り換え駅）なので、利用者は1日10人といったところです。

☞ p.180　〜といった　☞ p.181　〜ところ

## 63　辞めるに辞められない　★

### どう使う？

「AにAない」は「理由や事情があって、Aしたくてもできない」という強い気持ちを表す。
"AにAない" strongly expresses a feeling that "because of a reason or situation, I wanted to do A but I can't do A."

**V-る** ＋ **に** ＋ **V-できない**

＊ **V-る** ・ **V-できない** には同じ動詞が使われる。

＊「笑うに笑えない」「言うに言えない」「泣くに泣けない」「引くに引けない」など、「～できない」ことを強調する言い方もある。

①A：田中さん、どうしたんだろう？　何か知ってる？

　　B：僕も心配なんだけど、あまりに落ち込んでいるんで、聞くに聞けなかったよ。

②A：雨がひどくて出るに出られないので、約束の時間を遅らせてもらえませんか。

　　B：この雨じゃ、仕方ありませんね。では、１時間後ということで……。

③娘が私に寄りかかって寝てしまったので、動くに動けず肩が凝って

　　しまった。

④雑誌の間に10万円を隠しておいたが、何も知らない妻がゴミに出

　　してしまって、泣くに泣けない。🔗

⑤人間誰でも言うに言えない悩みがあるものだ。🔗

## 64　注文にかこつけて　★★

### どう使う？

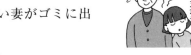

「AにかこつけてB」は「AをBするための口実にする」と言いたいときに使われる。他の人を批判するときに使われることが多い。
"AにかこつけてB" is used when you want to say "use A as an excuse to do B." This is often used when criticizing another person.

**N** ＋ **にかこつけて**

①彼は、地方出張にかこつけて、どうやら恋人に会いに行っているらしい。

②A：山本ったら取引先の接待にかこつけて、高級レストランで何万円もする料理を頼ん

　　だんだって？

　　B：それで部長に厳しく注意されたらしいよ。

③防災対策にかこつけて、粗悪な商品を売りつける悪徳業者に注意しましょう。

④要するに、雪とか桜とか季節の何かにかこつけて、集まって騒ぎたいんだろう。

## やってみよう！

▶答え 別冊P. 4

1）記者をしていたときは、＿＿＿＿＿＿＿＿＿＿＿にかこつけて、各地の温泉を楽しんだものですよ。

2）ゲームショーでは、＿＿＿＿＿＿＿＿＿＿＿にかこつけて、自分が楽しんでいる親たちの姿も結構見かけますよ。

3）＿＿＿＿＿＿＿＿＿＿＿にかこつけて、社長にオフィスのエアコンを全部消され、寒くてたまらない。

4）A：社長は不祥事を起こして以来、＿＿＿＿＿＿＿＿＿＿＿にかこつけてマスコミから逃げているらしいよ。

B：それが本当なら無責任だよね。

| 病気 | 子ども | 取材 | 節電 |
|---|---|---|---|

46～64

## Check 📖

▶答え 別冊P. 4

1）A：ご両親にはよく連絡するの？

B：ううん、せいぜい月に1度メールを送る＿＿＿＿＿＿＿かな。

2）子猫が花瓶を割ってしまったが、謝るような姿が可愛くて＿＿＿＿＿＿＿。

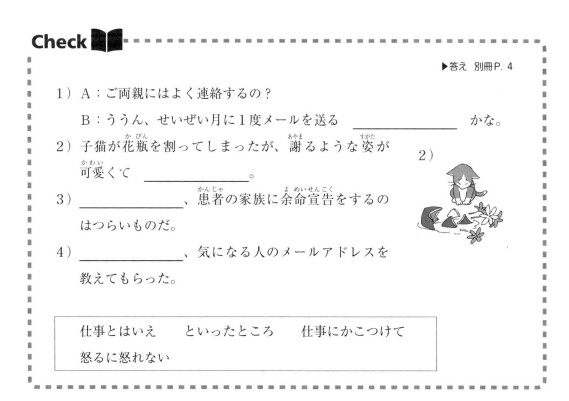

2）

3）＿＿＿＿＿＿＿、患者の家族に余命宣告をするのはつらいものだ。

4）＿＿＿＿＿＿＿、気になる人のメールアドレスを教えてもらった。

| 仕事とはいえ　　といったところ　　仕事にかこつけて |
|---|
| 怒るに怒れない |

## まとめの問題 Review questions

▶答え 別冊P.11

### 問題1 〈文法形式の判断〉

次の文の（　　　）に入れるのに最もよいものを、1・2・3・4から一つ選びなさい。

1　1個、2個（　　　）、一度に10個もスイカをもらって困ってしまった。

    **1**　ならまだしも　**2**　をいいことに　**3**　といわず　　　**4**　にかこつけて

2　旅行中のトラブルは、ない（　　　）が、案外それがいい思い出になることもある。

    **1**　きらいがある　　　　　　　　　**2**　ほかしかたがない

    **3**　にもほどがある　　　　　　　　**4**　に越したことはない

3　いくらビタミンが豊富（　　　）、毎日こればかり食べているのはどうかなあ……。

    **1**　といおうか　　　　　　　　　　**2**　ならいざしらず

    **3**　とはいえ　　　　　　　　　　　**4**　ならまだしも

4　A：なんで社長があんなこと言うのか理解できないよ。
    B：それ（　　　）、なんで彼が社長なのかが理解できないよ。

    **1**　にひきかえ　**2**　以前に　　　**3**　をいいことに　**4**　にかこつけて

5　儲けは少ないが、値上げ（　　　）、客はみんな向こうの店に行ってしまう。

    **1**　しないものか　　　　　　　　　**2**　しようものなら

    **3**　とはいえ　　　　　　　　　　　**4**　ならまだしも

6　マザー・テレサは、貧困に苦しむ人々を黙って（　　　）のです。

    **1**　見るにもほどがあった

    **2**　見るに越したことはなかった

    **3**　見てはいられなかった

    **4**　見たが最後だった

7 みんなが遠慮して注意しない（　　　　　）、あの人はいつもここにバイクを止めっぱなしにするんですよ。

1　のをいいことに　　　　　　2　といおうか

3　のにもまして　　　　　　　4　ものか


**問題2** 〈文の組み立て〉

次の文の ___★___ に入る最もよいものを、1・2・3・4から一つ選びなさい。

1 昨日買ったメロンは、_____ _____ ___★___ _____ が、結構おいしかった。

1　期待していなかった　　　　2　あまり

3　値段だけに　　　　　　　　4　値段が

2 テレビでもパソコンでも、_____ _____ ___★___ _____ よ。

1　なんとか　　2　なかったら　　3　なるものだ　　4　なかったで

3 君がイチゴのショートケーキが食べたいと言うから、走って買いに行ってきたのに、もう _____ _____ ___★___ _____ よ。

1　にもほどがある　　　　　　2　なんて

3　わがまま　　　　　　　　　4　いらない


**問題3** 〈文章の文法〉

次の文章を読んで、 1 から 4 の中に入る最もよいものを、1・2・3・4から一つ選びなさい。

> あーあ、ついに出発しちゃった。島がだんだん小さくなっていく。はぁ、仕事 1 、あんなに遠くまで、砂やら土やらを取りに行くのか。それも、 2 ならまだしも、僕だけで……。
> まあ、愚痴ばかり言ってはいられない。距離が距離だけに誰でもいい 3 。だ

から能力からいって、一番優秀な僕が　4　んだ。

よし、針路とエンジンの確認だ。どちらも異常なし。

先輩のはやぶささんもかっこよかったなあ。最後は流れ星になって。僕も、小惑星探査、成功させてみせるぞ。

| | | | | | | |
|---|---|---|---|---|---|---|
| 1 | **1** とはいえ | **2** をいいことに | **3** 以前に | **4** に違いなく | | |

| | | | |
|---|---|---|---|
| 2 | **1** 1人 | | **2** 仲間と一緒 |
| | **3** 砂や土 | | **4** 金やダイヤモンド |

| | | | |
|---|---|---|---|
| 3 | **1** というわけだ | | **2** というわけにはいかない |
| | **3** に決まっている | | **4** に越したことはない |

| | | | |
|---|---|---|---|
| 4 | **1** 選ぶに選べない | | **2** 選んだり選ばれたりする |
| | **3** 選ぶことは選ぶ | | **4** 選ばれるべくして選ばれた |

**問題4** 〈読解〉

次の文章を読んで、後の問いに対する答えとして最もよいものを、1・2・3・4から一つ選びなさい。

　特に、大きい組織においては、「事なかれ主義」が広がるおそれがある。事なかれ主義とは、トラブルがないことを第一に考える消極的な態度である。

　新しいことをやって、失敗でもしようものなら、自分や周囲の人が責任を負わなければならない。それで、リスクを避けたい、責任を逃れたいといった気持ちが働く。すると、例えば、前例のないことや指示がないことはしないということが起きる。

　前例がないからと言って、部下のアイデアを全然認めないという上司がいれば、トラブルも起きないが、成長も望めない。トラブルはないに越したことはないが、それ以前に、リスクを取らないこと自体が組織にとってのリスクなのである。

$\boxed{1}$ 部下のアイデアを全然認めないという上司は何の例か。

**1** 失敗を恐れない例 　　　**2** 消極的な態度の例

**3** 責任を負おうとする例 　　**4** 組織を成長させる例

$\boxed{2}$ この人が一番伝えたいことは何か。

**1** トラブルを起こさないことが一番大事だ。

**2** 新しいことをやってみるのはリスクがある。

**3** リスクや責任はないほうがいい。

**4** リスクを避けてばかりではよくない。

### 問題5 〈聴解〉

この問題では、問題用紙に何も印刷されていません。まず文を聞いてください。それから、それに対する返事を聞いて、1から3の中から、最もよいものを一つ選んでください。

| | | | | |
|---|---|---|---|---|
| $\boxed{1}$ | **1** | **2** | **3** | CD 20 |
| $\boxed{2}$ | **1** | **2** | **3** | CD 21 |
| $\boxed{3}$ | **1** | **2** | **3** | CD 22 |
| $\boxed{4}$ | **1** | **2** | **3** | CD 23 |
| $\boxed{5}$ | **1** | **2** | **3** | CD 24 |

# 研修を終えて

●送別会などで、関係者に対し、お礼や抱負を含む改まったスピーチができる。
Give a formal speech that includes thanks or aspirations to other people at a farewell party or other such event.

---

**CD 25**

<さくら商事・東京本社会議室にて>

皆様、本日はお忙しい**ところを**お集まりいただき、誠にありがとうございます。先ほどは、社長より激励のお言葉をいただき、感激**の至り**です。

　私、本日3月31日**をもって**、本社での研修を終了し、来週ベトナムへ帰ります。研修期間中は慣れない**こととて**皆様にご迷惑をおかけいたしましたが、温かくご指導いただきまして感謝の念**にたえません**。皆様の誠実で丁寧な仕事ぶりから社員**たる**者どうあるべきかを学びました。帰国後は、ハノイ支店にて勤務することになりますが、本社との合同プロジェクトが立ち上がり、引き続き皆様と一緒に仕事ができることは、うれしい**限りです**。まだまだ皆様に助けていただくことも多いと思いますので、今後ともどうぞよろしくお願いいたします。

---

## 65　お忙しいところを ★★★

**どう使う？**

「〜ところ（を）」は、お詫びや依頼、感謝をするときの前置きとして使う。
Use "〜ところ（を）" to preface an apology, request or appreciation.

A
 N ＋ の ┐
＋ ところ（を）

＊「お忙しい・お休み・お急ぎ・遠い・ご多忙」などの言葉と一緒に使われることが多い。相手に敬意を表すために「お・ご」をつけることが多い。

＊「（私が）〜べきところ」も使われることがある。

①お暑いところ申し訳ございませんが、節電のためエアコンの温度は28度に設定させていただいております。

②お急ぎのところ、電車、遅れまして、大変ご迷惑をおかけしましたことをお詫びいたします。

③作業中のところ悪いんだけど、これ、コピーしてきてくれる？

④本来ならこちらから伺うべきところを、わざわざお越しいただいて恐縮です。

### やってみよう！

▶答え　別冊P. 5

1）遠いところを、わざわざ（a．おいでいただき　b．伺えなくて）申し訳ございません。

2）お客様、本日は雨でお足元が悪いところ、（a．車で送っていただき　b．ご来店いただき）、誠にありがとうございます。

3）ご多忙のところ、お時間を割いていただき、（a．恐縮です　b．大変でございます）。

4）お休みのところすみませんが、至急本社の佐藤まで（a．休ませてください　b．ご連絡ください）。

☞ p.181　〜ところ

65 〜 71

## 66 感激の至り ★

### どう使う？

「〜の至り」は「非常に〜だ」という自分の気持ちを表す。
"〜の至り" expresses a personal feeling that "is extremely 〜 ."

N ＋ の至り

＊「光栄・赤面・感激・恐縮」などの言葉と一緒に使われる。

①このような権威ある賞をいただきまして、誠に光栄の至りでございます。

②就任パーティーの席上で新社長の名前を間違えるとは、思い返しても赤面の至りだ。

③私のために、かくも盛大な会を開いていただき、感激の至りです。

④酒を一気飲みしたうえ、真冬の川に飛び込むなんて、本当に若気の至り※だった。

※若気の至り：「若さのせいでおかした失敗」という意味。

☞ p.182 〜に至る／の至り

## 67 本日3月31日をもって ★★★

### どう使う？

「〜をもって」は、何かが変わったり終わったりする時点をはっきり言いたいときに使われる。「〜をもちまして」の形で使われることも多い。

"〜をもって" is used when you want to clearly state the time at which something changes or finishes. The form "〜をもちまして" is often used.

Ⓝ ＋ ┌ をもって
　　　└ をもちまして

＊「これをもちまして」「以上をもちまして」などの使い方もある。

①当店は本日をもって閉店いたします。長らくのご愛顧、誠にありがとうございました。
②鈴木二郎殿。4月1日をもって、第2営業部勤務を命じる。
③第22回卒業式は、これをもちまして、終了いたします。
④以上をもちまして、私のスピーチを終わらせていただきます。

### やってみよう！

▶答え 別冊P. 5

1）このプロジェクトチームは本日をもって（a．解散いたします　b．3週間続いています）。
2）当社は10月1日をもって（a．社名を変更いたします　b．営業中です）。
3）本日夜の部をもちまして、この公演の日程は全て（a．売り切れました　b．終了いたしました）。ご観覧誠にありがとうございました。

☞ p.187 〜をもって

## 68 慣れないこととて ★

### どう使う？

「〜こととて」は「〜なので」と同じように理由を表す。話すときには謝罪をしたり、許しを求めたりするときに使われることが多い。

"〜こととて" expresses a reason just like "〜なので" does. It is often used when apologizing or asking for forgiveness when spoken.

$\boxed{\text{N}} + \text{の}$
$\boxed{\text{V-ない}}$ ⎤ + こととて

＊動詞の否定形は「～ぬ」になることもある。

①何分にも田舎のこととて山菜料理しかありませんが、どうぞ

　ゆっくりしていってください。

①

②先日は責任者不在のこととて十分な対応ができず、申し訳ご

　ざいませんでした。

③新人のこととて失礼があったらお許しください。

④日曜日のこととて社内には人影もなく、しんと静まりかえっていた。

⑤昨年お父様が亡くなられたとか。知らぬこととて、お悔やみも申し上げず大変失礼いた

　しました。

☞ p.179　～こと

## 69　感謝の念にたえません ★

### どう使う？

「～にたえない」は「非常に～だ」という気持ちを表す。
"～にたえない" expresses a feeling that "is extremely ～ ."

$\boxed{\text{N}} + \text{にたえない}$

＊「感謝・同情・遺憾・感激・喜び・後悔・～の念」などの言葉と一緒に使われる。

①長年にわたり弊社の発展にご尽力を賜り、感謝にたえません。

②念願の世界大会優勝がかない、本当に喜びにたえません。

③この不況下、経営努力を重ねたうえでの倒産は同業者として同情にたえない。

☞ p.183　～にたえない

65
〜
71

## 70　社員たる者 ★

### どう使う？

「～たる」は「～の立場・地位の」という意味を表す。当然どうあるべきかを述べる文で使われ
ることが多い。「～たる者」の形がよく使われる。
"～たる" is an expression that means "of a ～ 's position / rank." This is often used in sentences that say how
things should naturally be. The form " ～たる者 " is often used.

$\boxed{\text{N}} + $ ⎡ たる ＋ $\boxed{\text{N}}$
　　　　⎣ たるに

①企業の経営者たる者は、働く人たちが能力を発揮できるよう環境を整えるべきである。

②プロであれアマチュアであれ、スポーツ選手たる者、正々堂々と戦うことを常に忘れてはならない。

③国民の安全を確保できなければ、国家のリーダーたるに値しない。

④学生の気持ちを理解しようとしない人間には教育者たる資格はない。

## 71 うれしい限りです ★★

### どう使う？

「～限りだ」は「強く～と感じる」自分の気持ちを言いたいときに使われる。

"～限りだ" is used when you want to state a personal feeling that you "feel strongly that ～ ."

いA
なA な ＋ 限りだ

＊感情を表す言葉と一緒に使われる。

①努力の甲斐あって、日本の看護師の国家試験に受かって、うれしい限りです。

②たった２点足りなかったばかりに不合格だなんて、悔しい限りだ。

③貴重な本を特別に貸してやったのに、汚されて、腹立たしい限りだ。

④何か月も前から楽しみにしていたコンサートが台風で中止だなんて、残念な限りだ。

### やってみよう！

▶答え 別冊P. 5

1) クラスの学生が全員、日本語能力試験N1レベルに合格できたとは

＿＿＿＿＿＿＿＿＿＿＿ 限りだ。

2) A：今度の監督はナショナルチームの監督を務めたこともあるんだって。

B：それは ＿＿＿＿＿＿＿＿＿ 限りだ。

3) 入社したてのころは社内事情もわからず相談できる友人もいなくて、

＿＿＿＿＿＿＿＿＿＿＿ 限りだった。

4) うちの会社は警備会社なのに泥棒に入られるなんて ＿＿＿＿＿＿＿＿＿ 限りだ。

| 喜ばしい 心細い 頼もしい 情けない |
|---|

☞ p.183 ～に限る／限り

▶答え　別冊P. 5

1）初級で習った漢字なのに読めないなんて、恥ずかしい ＿＿＿＿＿＿＿だ。

2）本日このように無事に創立100周年を迎えられ、社員一同喜び

＿＿＿＿＿＿＿。

3）お電話でのお問い合わせは本日6時 ＿＿＿＿＿＿ 終了させていただ
きました。

4）ホテルの支配人 ＿＿＿＿＿＿ 者、困った客にもきちんと対応できな
ければ務まらない。

---

| をもちまして　　たる　　限り　　にたえません |
| --- |

---

5）何もわからぬ素人の ＿＿＿＿＿＿ 変な質問をするかもしれませんが、
お許しください。

6）このたびは親善大使に任命していただき、光栄の ＿＿＿＿＿＿ でご
ざいます。

7）お話し中の ＿＿＿＿＿＿、申し訳ありません。お電話が入っているの
ですが……。

---

| 至り　　こととて　　ところを |
| --- |

65
〜
71

## まとめの問題 Review questions

▶答え　別冊 P.12

### 問題1 〈文法形式の判断〉

次の文の（　　　）に入れるのに最もよいものを、1・2・3・4から一つ選びなさい。

1 　あんなにたくさん応募はがきを書いたのに1枚も当選しないとは悔しい
（　　　）だ。

　　　**1** 至り　　　　　**2** あまり　　　　**3** しまつ　　　　**4** 限り

2 　裁判官（　　　）者、常に公正な立場で真実を追求することを忘れてはならない。

　　　**1** あっての　　　**2** たる　　　　　**3** ならではの　　**4** なりの

3 　私のデザインが大賞をいただき、（　　　）。

　　　**1** 喜びにたえません　　　　　　　**2** 喜ぶまでもありません

　　　**3** 喜びのいかんです　　　　　　　**4** 喜ばないではおきません

4 　陽ざしは暖かさを増してきたが、早春の（　　　）、朝夕はまだ肌寒い。

　　　**1** あまり　　　　**2** うえで　　　　**3** 限りで　　　　**4** こととて

5 　お休みの（　　　）わざわざ引っ越しの手伝いに来てくれてありがとう。

　　　**1** すえに　　　　**2** くせに　　　　**3** ところを　　　**4** あげく

6 　この入口は改修工事のため、今月末日（　　　）閉鎖させていただきます。

　　　**1** をもちまして　**2** によって　　　**3** のところを　　**4** にわたって

### 問題2 〈文の組み立て〉

次の文の　★　に入る最もよいものを、1・2・3・4から一つ選びなさい。

1 　それでは、＿＿＿　＿＿＿　★　＿＿＿　を閉会いたします。

　　　**1** 本年度の　　　**2** 以上　　　　　**3** をもちまして　**4** 卒業式

| 2 | 年末 ＿＿＿ ＿＿＿ ★ ＿＿＿ ございますが、ご了承ください。 |

**1** 配達できない **2** のこととて **3** 指定時間に **4** 場合も

| 3 | 青い空と緑の木々、＿＿＿ ＿＿＿ ★ ＿＿＿ 限りだ。 |

**1** 高原で **2** 迎える **3** すがすがしい **4** 朝は

## 問題3 〈文章の文法〉

次の文章を読んで、 1 から 4 の中に入る最もよいものを、1・2・3・4から一つ
選びなさい。

> (拍手) ……いやあ、いつになく出席者が多いですね……。(会場から笑い)
> 　今日はOBの諸君も忙しい 1 、わざわざ足を運んでくれているようで、誠に
> 嬉しい 2 です。
> 　えー、本日、この講義 3 、本学を去ることになるわけですが、最後に、「水」
> というものを取り上げまして、私の35年間の締めくくりとしたいと思います。
> 　さて、水は、私たちが生きる上で 4 、その一方で、生命を脅かすものでもあ
> ります。それでは……

| 1 | **1** こととて **2** ところ **3** というより **4** 限り |

| 2 | **1** しまつ **2** まま **3** どころ **4** 限り |

| 3 | **1** をよそに **2** を皮切りに **3** をもちまして **4** をおいて |

| 4 | **1** なくてはならないものですが **2** あってはならないものですが |
| | **3** 必要なこととて **4** 不要なこととて |

この問題では、まず質問を聞いてください。そのあと、問題用紙の選択肢を読んでください。読む時間があります。それから話を聞いて、問題用紙の1から4の中から、最もよいものを一つ選んでください。

**1** 社員を集める

**2** 経営を安定させる

**3** 事業を広げる

**4** 社員を減らす

社内で話す

# さすが本田君（1）

## できること

●仕事上の話題について、批判的な意見を交えて社内で話ができる。
Exchange critical opinions with coworkers about work-related subjects.

CD 27

部長：本田君、子どものお遣い**じゃあるまいし**、カタログだけ置いて帰ってくる奴があるか。

本田：すみません。

部長：それじゃ、商談はどうでもいいと言わ**んばかり**じゃないか。ぐずぐずしているうちにライバル社に先を越され**たらそれまでだ**ぞ。

本田：わかってますよ。でも……。

部長：先方から問い合わせがあったんだぞ。うちの商品の良さをわかってもらえる絶好のチャンスだった**ものを**……。

本田：はあ。でも、あちらの担当者**ときたら**、価格のことしか言わないんです。だから説明し**たところで**無駄だと思ったんですよ。

部長：相手が何を言**おうが**、気にしないで、我が社の技術をどんどん宣伝しなきゃだめじゃないか。

本田：でも、部長。「毎年新製品が出るんだから、今年は新製品でも来年は古くなる。だから1年ごとにリース料を10％ずつ安くしろ。」と言われたんです。こちらが赤字にな**ろうが**なる**まいが**、自分の会社さえよければいいんですよ。安くしてほしい**なら**ほしい**で**、納得できる条件を提示すべきですよね。

部長：う～ん、すごい担当者だな。相手**にすれば**、経費は安ければ安いほどいいわけだからなあ。仕方がない。あちらの条件を聞いてみるか。採算が取れなければあきらめる**までのことだ**が……。
とにかく、次は私も同行するからな。

本田：はい。

72
〜
87

## 72 子どものお遣いじゃあるまいし ★★★

### どう使う？

「～じゃあるまいし」は「～なら仕方がないが、そうではないのだから」と、相手に対する批判や意見を言いたいときに使う。
Use "～じゃあるまいし" when you want to make a critical remark or state an opinion to another person that says "it is permissible if ～, but it's not like that, so."

**N** + [ じゃあるまいし / ではあるまいし ]

＊「 **V-る** ／ **V-た** ／ **V-ない** ＋ んじゃあるまいし」「～わけじゃあるまいし」という言い方もある。

① A：山田さん、コピー、終わりました。次は何をしたらいいですか。

　　 B：新入社員じゃあるまいし、少しは自分で考えろよ。

② A：減るもんじゃあるまいし、貸してくれてもいいでしょう。

　　 B：嫌だよ。大切なCDなんだから。

③ 南極へ行くんじゃあるまいし、そんなに厚着しなくても大丈夫だよ。

④ 留学するだけなんだから、そんなに心配しないでよ。もう一生会えないわけじゃあるまいし……。

⑤ 厳しいと言っても、社長も鬼ではあるまいし、ちゃんと話せばわかってもらえるはずだよ。

### やってみよう！

▶答え 別冊P. 5

1）ドラマじゃあるまいし、（　　　　　　）。

　　a．大金持ちでかっこよくて性格もいい人が現れるわけがないでしょう

　　b．この店にはかっこいい人ばかりが集まっているでしょう

　　c．アニメのほうが好きな人が多いでしょう

2）猿じゃあるまいし、（　　　　　　）

　　a．ペットはやっぱり犬や猫がいいよ。

　　b．そんなにバナナばかり食べて、飽きないの？

　　c．あれはたぶん子どもだろう。

３）子どもが書いたんじゃあるまいし、（　　　　　）。

　　 a．大学生にしてはレベルが高い履歴書と言えるね

　　 b．とても立派でどこに出しても恥ずかしくない履歴書だね

　　 c．こんな履歴書じゃどこにも採用してもらえないよ

## 73　言わんばかり　★★

### どう使う？

「〜んばかり」は「壊さんばかりにドアをたたく」のように「今にも〜しそうな様子だ」という意味で、程度が非常に高いと感じたときに使われる。

As in "壊さんばかりにドアをたたく", "〜んばかり" is used when you felt that something had a very extreme characteristic, meaning "it seems to be 〜."

### V-~~ない~~ ＋ んばかり

＊「する」は「せんばかり」になる。

①たくさんの花をつけた山百合が、風に吹かれて折れんばかりに揺れている。

②彼女は、今にも泣き出さんばかりの顔をして、部屋を飛び出していった。

③店員は、「早く帰れ」と言わんばかりに空いた皿を片付けはじめた。

④この作品からは、画家のあふれんばかりの情熱が伝わってくる。

⑤アクロバット飛行の飛行機が、今にも墜落せんばかりの勢いで急降下した。

### やってみよう！

▶答え　別冊 P. 5

１）うちの犬は誰か来ると、（a．噛みつか　b．散歩せ）んばかりに吠えるので、困っている。

２）最後のランナーは（a．倒れ　b．走ら）んばかりの状態でやっとゴールインした。

３）絶対に許さないと（a．思わ　b．言わ）んばかりの顔でにらんでいる。

「〜と言わんばかりに」は「言わん」を省略して「〜とばかりに」の形で使われることもある。

"〜と言わんばかりに" is also used without " 言わん " as the " 〜とばかりに " form.

①中田選手はチャンスに監督から呼ばれ、待ってましたとばかりに立ち上がった。

②食べ放題なのだから食べないと損だとばかりに、皿に山ほど料理を取ってきた。

③商品の入れ替えで全品半額だったので、このときとばかりにたくさん買い込んだ。

☞ p.184　〜ばかり

## 74　先を越されたらそれまでだ　★★

### どう使う？

「〜たら／ば それまでだ」は「もし〜したら、今までの努力や苦労や費用が全て無駄になる」と言いたいときに使われる。

"〜たら／ば それまでだ " is used when you want to say "if you do 〜 , then all your effort, toil or expenses until now will be a complete waste."

V-た ら／ V-ば ＋ それまでだ

①仕事を頑張るのもいいが、無理して病気になったらそれまでだ。

②いくら有名企業に就職しても、経営が破たんすればそれまでだ。

③新型の医療機器をそろえても、使いこなせる技術者がいなければそれまでだ。

④あきらめたらそれまでだ。努力し続ければ夢は必ずかなう。

### やってみよう！

▶答え 別冊P. 5

１）携帯電話は便利だが、バッテリーが切れればそれまでだ。

　　a．バッテリーが切れたら使えない

　　b．バッテリーが切れるまで使おう

　　c．バッテリーが切れるから無駄だ

２）今度の大会はトーナメントなので、1回戦で負けたらそれまでだ。

　　a．1回戦で負けたら、2回戦も負けるだろう

　　b．1回戦で負けたら、2回戦に期待しよう

　　c．1回戦で負けたら、2回戦には出られない

☞ p.184　〜まで

## 75 絶好のチャンスだった**ものを** ★★

### どう使う？

「〜ものを」は「〜のに」と、相手を非難するときに使われる。「急げば間に合ったものを」のように「AばBものを」の形で「Aしなかったので（急がなかったので）、Bと反対の悪い結果になった（間に合わなかった）。なぜAしなかったのか」と言いたいときに使われることが多い。

"〜ものを" is used when you blame another person. As in "急げば間に合ったものを", it is often used with the "if A then B" form when you want to say "you didn't do A（急がなかったので）, so a bad result opposite of B happened（間に合わなかった）. Why didn't you do A?"

PI ＋ ものを

［**なA**だな　**N**だな］

＊「〜ものを……。」と、後ろを省略することもある。

①早く来れば空いていたものを、この様子じゃチケットを買うだけで1時間はかかりそうだ。

②散歩は朝の涼しいときにすればいいものを、暑い盛りに出て行くから、熱中症なんかになるんだよ。

③もっと早く健康診断を受けていれば手術をしないですむものを……。

④内緒にしておけばお互いハッピーなものを、どうしてしゃべっちゃったんだよ。

### やってみよう！

▶答え　別冊P. 5

1）もっと早く知らせてくれればよかったものを……。

　　a．知らせてくれたからよかった

　　b．知らせてくれなかったので困った

　　c．今すぐ知らせてほしい

2）すぐ謝ればすんだものを、問題がこじれてしまったじゃないか。

　　a．すぐ謝ってもしょうがない

　　b．すぐ謝ってはいけない

　　c．すぐ謝るべきだった

☞ p.185　〜もの／もん

72
〜
87

## 76 あちらの担当者ときたら ★★

**どう使う？**

「～ときたら」は「～は本当に困る／ひどすぎる／だめだ」などの気持ちで相手や物を非難するときに使われる。
"～ときたら" is used when you blame a person or object with a feeling such as " ～ is really problematic / too awful / no good."

**N** ＋ ときたら

①うちの子ときたら、いつもゲームばかりやっていて、声をかけても返事もしない。

②まったくこのシャツときたら、いくつボタンがついているんだ。時間がないのに……。

②

③最近の若い人ときたら、電車の中で床に座り込んだりして、恥ずかしくないのかしら。

**やってみよう！**

▶答え 別冊P. 5

1) あの店ときたら、　　　　・

2) 今年の夏ときたら、　　　・

3) このパソコンときたら、・

4) うちの犬ときたら、　　　・

・a) 連日最高気温が37度だの38度だの、本当に嫌になるよね。

・b) すぐフリーズするから全然仕事にならないよ。

・c) 誰を見てもしっぽを振って、留守番の役にも立たないんだから。

・d) 「遅い・高い・まずい」で、もう二度と行くものか。

## 77 説明したところで ★★★

**どう使う？**

「～たところで」は「たとえ～ても」という意味で、「～をしても 無駄だ／期待通りの結果は得られない」と言いたいときに使う。
Use "～たところで", meaning "たとえ～ても", when you want to say something such as "it's pointless / you won't get the result you hope for even if you do ～."

**V-た** + ところで

①今から急いだところで、間に合うわけがないよ。

②国内のコンクールで優勝したところで、海外でも通用するとは限らないさ。

③私が言ったところで、彼の気持ちは変わらないだろう。

④国のトップが変わったところで、国民の政治不信は簡単には解決できない。

**やってみよう！**

▶答え　別冊P. 5

１）どんなに頼んだところで、（　　　　　）。

　　ａ．どうせ断られるに決まっているよ

　　ｂ．やっと許可をもらうことができたんだ

　　ｃ．いつか理解してもらえるかもしれないね

２）今から予約をキャンセルしたところで、（　　　　　）。

　　ａ．お金は戻ってこないよ

　　ｂ．少しはお金が戻ってくるかもしれないね

　　ｃ．お金が戻ってくるに違いない

３）地位や名誉を得たところで、（　　　　　）。

　　ａ．財産も得られたら嬉しいよね

　　ｂ．健康を害したら何にもならないよ

　　ｃ．家族も喜んでくれるに違いないね

☞ p.181　〜ところ

## 78　相手が何を言おうが　★★★

**どう使う？**

「〜（よ）うが」は「〜ても」と強く言いたいときに使う。「何年かかろうが、必ず新薬を開発します」のように、影響を受けない強い気持ちや、「たとえ台風が上陸しようが、仕事を休むわけにはいかない」のように、変えられない事実があると言いたいときに使われる。疑問詞と一緒に使われることが多い。

Use "〜（よ）うが" when you want to strongly say "〜ても". This is used when you want to state a strongly held, unchangeable opinion as in "何年かかろうが、必ず新薬を開発します", or an immutable fact as in "たとえ台風が上陸しようが、仕事を休むわけにはいかない". It is often used together with question words.

**V-よう** + ┌ が
　　　　　└ と

①どんなにひどいけがをしようが、アイスホッケーはやめられない。

②誰が何と言おうが、一度決めたことを変えるわけにはいかないよ。

③お前がどこへ行こうと、俺の知ったことか。勝手にしろ！

④医者に止められようが、たばこはやめられないよ。

⑤雨が降ろうが風が吹こうが、犬を散歩させないわけにはいかないんです。

### やってみよう！

▶答え　別冊P. 5

１）いくらお金を積もうが、人の心は買えるものではないよ。

    a．お金を払えば、人の心は買えるものだ。

    b．いくらお金を払えば、人の心が買えるかわからない。

    c．お金を払っても人の心は絶対に買えない。

２）何があろうと、僕の愛は変わらない。

    a．どんなことが起こっても愛し続ける。

    b．何もなければ愛し続ける。

    c．何かあれば愛し続ける。

☞ p.186　〜よう

## 79　赤字になろうがなるまいが　★★★

### どう使う？

「A（よ）うがAまいが」は「AてもAなくても」という意味で、「田中さんが行こうが行くまいが、私は行くつもりだ」のように、影響を受けない強い気持ちや、「信じようが信じまいが、これは本当にあった話です」のように変えられない事実があると言いたいときに使われる。

"A（よ）うがAまいが", meaning "AてもAなくても", is used when you want to state a strongly held, unchangeable opinion as in "田中さんが行こうが行くまいが、私は行くつもりだ", or an immutable fact as in "信じようが信じまいが、これは本当にあった話です".

**V-よう** ＋ $\left[\begin{array}{c}が\\と\end{array}\right]$ ＋ **V-る** ＋ $\left[\begin{array}{c}まいが\\まいと\end{array}\right]$

＊ **V** には同じ動詞が使われる。

①役に立とうが立つまいが、疑問に思うことを解明しようとするのが人間というものだ。

②皆が認めようが認めまいが、宇宙人は存在すると私は信じている。

③警官が見ていようがいるまいが、交通ルールは守るべきだ。

④お客が来ようと来るまいと、部屋はいつも片付けておけ。

**やってみよう！**

1）聞く人がいようがいまいが、　　・

2）責任のある地位に就こうが就く
　　まいが、　　　　　　　　　　・

3）桜が咲こうが咲くまいが、　　・

4）使おうと使うまいと、　　　　・

・a）今度の土曜はみんなで花見だ。

・b）水道や電気の基本料金は払わなければ
　　　なりません。

・c）彼は日曜日のたびにギターを手に駅前
　　　で歌い続けた。

・d）自分の仕事は誠意をもってやらなけれ
　　　ばならない。

☞ p.184　〜まい

---

「 V₁-**よう** ＋が／と＋ V₂-**よう** ＋が／と」「 **いA₁** 区かろう＋が／と＋ **いA₂** 区かろう＋
が／と」「 **N₁** ／ **なA₁** だろう＋が／と＋ **N₂** ／ **なA₂** だろう＋が／と」などの形も同じ
ように使われる。

①あの人、暇があろうがなかろうが、食後のコーヒーは欠かしたことがないそう
　ですよ。

②高かろうが安かろうが、必要なものは買わねばならない。

③有名店だろうとそうじゃなかろうと、この地方のそばは、とにかくおいしいん
　ですよ。

☞ p.186　〜よう

---

## 80　安くしてほしいならほしいで　　★★

**どう使う？**

「AならAで…」は「来るなら来るで連絡してくれれば食事ぐらい用意しておいたのに」のよう
に、他の人のAという状況に対する気持ち（…）を表す。アドバイスしたり不満を言ったりする
ときに使われることが多い。
As in " 来るなら来るで連絡してくれれば食事ぐらい用意しておいたのに ", " AならAで…" expresses a feeling (…)
about situation A of another person. It is often used when giving advice or expressing dissatisfaction.

**PI** ＋ なら ＋ **PI** ＋ で
［現在形のみ］　　［現在形のみ］
［ **なA** だ **N** だ］［ **なA** だ **N** だ］

＊ **PI** には同じ言葉が使われる。

①A：課長、今月いっぱいで会社を辞めさせていただきたいんですが……。

　B：会社を辞めるなら辞めるで、今の仕事をちゃんと片付けてからにしてくれ。

②仕事が忙しいなら忙しいで、誰かに手伝ってもらうとか、断るとか、何か方法を考えた

　ほうがいいですよ。

③A：すみません。今日の飲み会、やっぱり行けなくなってしまって……。

　B：来られないなら来られないで、早く連絡してくれればよかったのに……。もう予約

　　取り消しできないんだよ。

④A：まだ結婚なんて早いと思うんだけど、無理やりお見合いさせられることになっちゃ

　　って……。

　B：嫌なら嫌で、はっきり言えばよかったのに……。

⑤病気なら病気で、おとなしく寝てなきゃだめじゃない。


## やってみよう！

▶答え　別冊P. 5

1）新しいパソコンを買うなら買うで、（　　　　　）。

　　a．相談してくれればもっと安く買えたのに……

　　b．相談したから安く買えてよかった

2）注文を受けるなら受けるで、（　　　　　）。

　　a．相手の名前も用件も忘れていました

　　b．ちゃんとその数をメモしておかないとだめじゃないか

3）帰国するなら帰国するで、（　　　　　）。

　　a．お世話になった皆さんにきちんと挨拶してから帰りなさい

　　b．お世話になった皆さんに挨拶できてよかった

☞ p.182　～なら

## 81 相手にすれば ★★

### どう使う？

「〜にすれば」は「〜の立場で考えれば」という意味で、他の人の考えを想像して言うときに使うことが多い。

Use "〜にすれば", meaning "when you think about it from the position of 〜," when you say what you imagine another person's thoughts to be.

N ＋ ┌ にすれば
    ├ にしたら
    └ にしても

①おにぎりを作るのは簡単だと思うかもしれませんが、作ったことがない人にすれば、結構難しいことなんですよ。

②どんな判決が出ても、被害者にしたら、納得できるものではないだろう。

③人員削減は会社側にしてもメリットばかりとは言えまい。

### やってみよう！

▶答え 別冊P. 5

1）最近ペットに服を着せるのが流行っているが、ペットにしたら
（　　　　　）。

　a. 迷惑なのではないだろうか

　b. 私はとてもかわいいと思う

2）母親はよく古い雑誌やおもちゃなどを捨てろというが、子どもにすれば（　　　　　）。

　a. 二度と手に入らない宝物なのだ

　b. いくらで売れるか検討してみよう

3）最近は字を書くことが少なくなったので、外国人だけでなく、日本人にしても
（　　　　　）。

　a. 漢字はたくさん書いて覚えてください

　b. 漢字を書くのは難しいんです

72
〜
87

## ～にしてみれば ★★

「  ＋ にしてみれば」も同じように使われる。

①私のような考え方は若い人にしてみれば、古いと思われるでしょう。

②「Ｒ」と「Ｌ」の発音は、英語が苦手な私にしてみれば同じ音としか思えない。

☞ p.183　～にして／にしろ／にした

## 82　あきらめるまでのことだ ★★

### どう使う？

「～までのことだ」は「事業に失敗したら、またやり直すまでのことだ」のように「だめなら～すればいいのだから、それは大きな問題ではない」と言いたいときに使われる。何でもいいと言いながら、本当はそれを気にしているときに使われることも多い。自分について使うことが多い。

"～までのことだ" is used when you want to say "if ～ fails we can still fix it" as in "事業に失敗したら、またやり直すまでのことだ". This is often used to say you have no preference when actually you are concerned. It is often used to talk about oneself.

 ＋ ⎡ までのことだ
　　　　　⎣ までだ

①地下鉄が止まっていたら、バスで行くまでのことだ。心配はいらないよ。

②ホテルが見つからなければ、ネットカフェかカラオケで一晩過ごすまでのことだ。

③息子も娘も継ぐ気がないなら、工場は閉めるまでだ。

### やってみよう！

▶解答　別冊P.6

1）貸したお金を返してくれなければ、裁判に訴えるまでのことだ。
　　a．返してくれなくても、裁判に訴えることはない。
　　b．返してくれなければ、裁判に訴えればいい。
　　c．返してくれても、裁判に訴えるつもりだ。

2）壊れているなら、新しいのを買うまでだ。
　　a．壊れていても、買えばいいから困らない。
　　b．壊れているかどうか、とても心配している。
　　c．壊れているが、新しいのを買うまで我慢する。

☞ p.184　～まで

## Check 📖

▶答え 別冊P. 6

**1**

1）高橋君 ＿＿＿＿＿＿＿＿、新婚旅行先で結婚指輪をなくしちゃったんだって。

2）歴史学者 ＿＿＿＿＿＿＿＿、こんな専門的な問題が大学の受験生にわかる

　　わけないじゃないか。

3）テレビドラマを勝手にインターネットにアップロードする人がいるが、作っ

　　た側の人間 ＿＿＿＿＿＿＿＿、許しがたい行為だ。

4）消火器があっても使い方を知らなければ ＿＿＿＿＿＿＿＿。

5）道がないなら、自分で道を作る ＿＿＿＿＿＿＿＿。　　　　4）

6）さっき買えばよかった ＿＿＿＿＿＿＿＿、他の店

　　のと比べてからなんて言うから、売り切れちゃった

　　じゃないか。

| |
|---|
| ものを　　までのことだ　　ときたら　　じゃあるまいし |
| それまでだ　　にすれば |

**2**

1）周りに人が（a．いたところで　b．いようがいまいが）、傘を振り回すの

　　は危険ですよ。

2）怒った乗客は、（a．殴りかからんばかりの勢いで　b．殴りかかるなら殴

　　りかかるで）、駅員に詰め寄った。

3）A：話せば気が晴れるかもしれないから、話してごらんよ。

　　B：ありがとう。でも、（a．話すなら話すで　b．話したところで）悩み

　　　　が解決するわけじゃないし……。

4）誰に（a．反対されようが　b．反対されんばかりで）、私の決心は変わり

　　ません。

# 7 さすが本田君（2）

## できること

●仕事の結果について、振り返りながら社内で話ができる。
Talk with coworkers about the results of work as you look back on them.

部長：悔しい**といったらない**な。たった半日の差でライバル社に契約を持ってい

かれるとは。

本田：すみません、部長。僕があのとき商品の説明をしっかりしていれば……。

部長：いや、君のせいじゃないよ。アポが取れなかったんだから、契約を取**ろう**

**にも**取れ**ない**じゃないか。

本田：でも、ほんとに悔しいっす※。

部長：こうなったら片っ端からパンフレットを配り**まくって**みるか。

本田：そうですね。カプテック社**にしたところで**あの条件では、そんなに儲かる

はずないですよね。毎年リース料を下げ続けるなんて。

部長：そうだよ。契約しなくて正解だったんだよ。どんな条件で契約したか知ら

ないが、仮に本当に10％ずつ下げ続けたら……。

本田：10年後はリース料ただですよ。カプテック社も馬鹿だな。ははははははは。

元気出てきた。部長、僕、次こそいい条件で契約を取っ**てみせます**よ。

部長：さすが本田君だ。立ち直りが早いね。

※っす：一部の若い男性の話し言葉で、「です・ます」を短くした
特殊な言い方。普通形につく。

## 83 悔しいといったらない ★★

### どう使う？

「～といったら ない／ありゃしない」は「言葉では言えないほど非常に～だ」と強調して言いたいときに使われる。「ない／ありゃしない」の部分は省略されることもある。

"～といったら ない／ありゃしない" is used when you want to emphasize that something "is so ～ I can't explain it in words." The "ない" and "ありゃしない" parts may be omitted.

**いA** ／ **なA** （だ）／ **N** （だ）／ **V-る**　┐　┌　といったらない／ったらない

**いA** ／ **なA** な ＋ こと　　　　　　　　 ┘＋└　といったらありゃしない／ったらありゃしない

＊動詞は「腹が立つ・疲れる・イライラする」などの感情を表す動詞、名詞は「喜び・衝撃・ショック」などや「悲惨さ・忙しさ」など形容詞が名詞化されたものが使われる。

① 今年の夏は暑いといったらない。早く秋になってほしいよ。

② 社長の新年の挨拶は、退屈なことといったらないな。

③ 弟にカードゲームで負けるなんて、悔しいったらありゃしない。

④ 家の前に毎朝たばこの吸い殻を捨てられて、腹が立つったらない。

⑤ A：猫が迷子になって1週間捜し回ったんだ。やっと見つかったときの嬉しさといったら！

　 B：ほんと、よかったね。

### やってみよう！

▶答え　別冊P. 6

1) 試合で初めて優勝したときの感動といったらなかった。

　　a．たいして感動するほどではなかった。

　　b．まったく感動できなかった。

　　c．非常に感動した。

2) 眼下に広がる紅葉の美しいことといったらないね。

　　a．紅葉は美しいに決まっている。

　　b．紅葉が言葉で言い表せないほど美しい。

　　c．紅葉といっても美しいとは限らない。

 p.180　～たら　 p.181　～といった

## 84 契約を取ろうにも取れない　★★

### どう使う？

「A（よ）うにもAない」は「Aしたいが、ある事情のためにAできない」と言いたいときに使う。
Use "A（よ）うにもAない" when you want to say "I want to do A, but I can't do A because of certain circumstances."

**V-よう** ＋ **にも** ＋ **V-できない**

＊ **V** には同じ動詞が使われる。

＊ **V-できない** に「無理だ・不可能だ」など「できない」という意味を持つ言葉が使われることもある。

①スピーチ大会での大失敗は、忘れようにも忘れられない。

②成績が悪いので、奨学金に応募しようにも応募できない。

③彼女に告白しようにも、チャンスがなくてなかなかできない。

④真実を確かめようにも、犯人は死亡しているので不可能だ。

### やってみよう！

▶答え　別冊P.6

1）（a．足が痛い　　b．立つのが嫌な）ので、立とうにも立てない。

2）（a．友達が　　b．知らない人が）貸してくれた傘なので、返そうにも返せない。

3）（a．メールで済むことなので　　b．騒音がひどくて）、話そうにも話せる状況ではなかった。

☞ p.186　〜ように

---

## 「A（よ）うにもAない」と「AにAない」

「A（よ）うにもAない」と「AにAない」はどちらも、事情があってAできないときに使われるが、物理的な理由の場合は「A（よ）うにもAない」、心情的な理由の場合は「AにAない」が使われることが多い。
Both "A（よ）うにもAない" and "AにAない" are used when you can not do A due to certain circumstances. "A（よ）うにもAない" is often used if the reason is physical and "AにAない" is used if the reason is emotional.

☞ 63. 辞めるに辞められない

①お金がないから、引っ越そうにも引っ越せない。

②大家さんに親切にしてもらっているから、引っ越すに引っ越せない。

③電車が止まって、帰ろうにも帰れない。

④先輩が残業しているから、帰るに帰れない。

## 85　配りまくってみる　　★

### どう使う？

「～まくる」は、ある行動や動作を深く考えずに、すごい勢いで何回も繰り返してする様子を表す。

"～まくる" expresses a state in which someone performs a certain movement or action without thinking deeply about it and does the same thing over and over again with amazing intensity.

**V-ます ＋ まくる**

①3時間もカラオケで歌いまくって、声が出なくなった。

②失恋したぐらいで、やけになって食べまくる奴の気がしれないよ。

③あいつ、車を買うって、バイトしまくってるらしいよ。

## 86　カプテック社にしたところで　　★★

### どう使う？

「～にしたところで」は「大金持ちにしたところで悩みはある」のように「他とは違うと思われている～も、実は他と同じだ」と言いたいときに使われる。

"～にしたところで" is used when you want to say "you may think that ～ is different from others, but it is actually the same as others" as in "大金持ちにしたところで悩みはある".

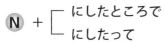

＊「いずれにしたところで」「いずれにしたって」の形も使われる。

①温厚な田中さんにしたところで、1時間も待たされたら、怒り出すに違いない。

②電気自動車にしたところで、環境への負荷が全くないわけではない。

③どんなにすばらしい小説にしたって、出版業界では売れなきゃ認められないよ。

④進学か就職か、いずれにしたって、自分で決めなければならない。

### やってみよう！

▶答え　別冊P.6

1）先ほどのご提案には反対意見を言いましたが、私にしたところで、いい解決方法が
（a．ある　b．ない）わけではないんです。

2）裁判官にしたところで、人間だ。被告に同情的になることも（a．ある　b．ない）
だろう。

３）人間にしたところで、自然が破壊されれば生きられないのは野生動物と（ａ．違う　ｂ．変わらない）。

☞ p.183　〜にして／にしろ／にした

## 87　契約を取ってみせます　★

### どう使う？

「〜てみせる」は「（自分を認めてもらうために）頑張って〜しよう」という強い決意を表す。
" 〜てみせる " expresses a strong determination to "do my best to 〜 (in order to gain recognition)."

**V-て** ＋ みせる

①何年かかっても父の無実を証明してみせる。

②あの頑固な教授に、私のこの研究論文を絶対に認めさせてみせる。

③どんなにリハビリが大変でも、頑張って必ず復帰してみせます。
　ファンの皆さん、待っていてください。

④どんな苦労をしてでも、彼女を絶対に幸せにしてみせます。

### Check 📖

▶答え　別冊P.6

１）新入社員は物を知らないというが、君たち ＿＿＿＿＿＿＿＿ 大して変わりはないよ。

２）佐藤さん、バーゲンセールで好きなブランドの洋服を買い ＿＿＿＿＿＿＿＿ んだって。

３）ネット環境がないから、調べ ＿＿＿＿＿＿＿＿ 調べられないんだよ。

４）Ａ：駅の階段で転んじゃったんだって？
　　Ｂ：うん。みんなに見られて恥ずかしい ＿＿＿＿＿＿＿＿ よ。

５）僕たち後輩が頑張って、来年は優勝できるチームを作りあげて ＿＿＿＿＿＿＿＿。

> ったらありゃしない　　まくった　　にしたところで
> みせます　　ようにも

### 問題 1 〈文法形式の判断〉

次の文の（　　　）に入れるのに最もよいものを、1・2・3・4から一つ選びなさい。

---

**1** いくら言い訳（　　　）、失った信頼はなかなか取り戻せない。

**1** したところへ 　　　　　　**2** したところで

**3** にしたところで 　　　　　**4** にしたら

---

**2** いざとなったら、この土地を売って借金を返す（　　　）。

**1** しまつだ 　　**2** ものを 　　**3** といったらない 　　**4** までだ

---

**3** 運動は健康維持に欠かせない。高齢者に限らず、若者（　　　）同じことだ。

**1** にすれば 　　　　　　　　**2** にしたところで

**3** に先立って 　　　　　　　**4** に対して

---

**4** 山桜は人が（　　　）、春になれば咲くということを繰り返してきた。

**1** 見ようと見るまいと 　　　　**2** 見るなり聞くなり

**3** 見れば見るほど 　　　　　　**4** 見るやら聞くやら

---

**5** VIPが訪れる（　　　）、留学生がホームステイに来るくらいで、大騒ぎするなよ。

**1** わけにはいかないのに 　　　**2** わりには

**3** わけもなかったのに 　　　　**4** わけじゃあるまいし

---

**6** A：カラオケ発明した人、特許取らなかったんだって？
B：特許を取っていれば、大儲けできた（　　　）。

**1** ものだ 　　**2** ものではない 　　**3** ものを 　　**4** ものか

---

**7** トミーさん（　　　）、勝手に冷房の設定温度を13度にしちゃうんです。クラスメートはみんな、寒がっているのに……。

**1** にすれば 　　　　　　　　**2** にしたところで

**3** ときたら 　　　　　　　　**4** といっても

<u>8</u>　電車の中でお年寄りが立っていても、周りの若者（わかもの）はそれを無視（むし）してゲームや携帯（けいたい）に夢中だ。嘆（なげ）かわしい（　　　　）。

1　とは言い切れない　　　　　　　2　というものでもない

3　といったらない　　　　　　　　4　というに決まっている

**問題2**　〈文の組み立て〉

次の文の___★___に入る最もよいものを、1・2・3・4から一つ選びなさい。

<u>1</u>　テレビドラマの ＿＿＿＿ ＿＿＿＿ ＿★＿ ＿＿＿＿、事件が解決できるわけがない。

1　ではあるまいし　　　　　　　　2　刑事（けいじ）

3　足らずで　　　　　　　　　　　4　1時間

<u>2</u>　A：就職（しゅうしょく）まだ決まってないの？　まただめだったらどうする気？
　　B：だめなら、＿＿＿＿ ＿＿＿＿ ＿★＿ ＿＿＿＿ よ。心配しないで。

1　までのことだ　　2　次の　　　　3　会社を　　　　4　受ける

<u>3</u>　日本は食料自給率（じきゅうりつ）が低く、代表的な日本食の一つである
　　＿＿＿＿ ＿＿＿＿ ＿★＿ ＿＿＿＿ でしかない。

1　程度　　　　2　20%　　　　3　にしたところで　　4　そば

**問題3**　〈読解〉

次の話は、新聞の「お悩み相談」に寄せられた読者の悩みです。後の問いに対する答えとして最もよいものを、1・2・3・4から一つ選びなさい。

相談者（会社員、女性、43歳）：

　弟のことで心配しています。私の弟ときたら今年40歳になるというのに、「趣味（しゅみ）はレゴ（LEGO）」と公言（こうげん）しています。

　母は①「子どもじゃあるまいし、またレゴ遊び。」とあきれ、顔を見れば小言（こごと）が絶（た）えません。当（とう）の本人は、②「母さんにはわからないよ。」と言わんばかりの顔で、複雑な立体（りったい）の創作（そうさく）に没頭（ぼっとう）し、食事の時間だろうが、深夜だろう

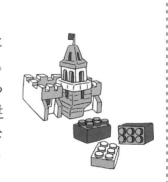

が、作り続けています。

　仕事は真面目にやっているようですが、姉の私としては、弟の体も心配ですし、結婚もできないのではないかと気がかりです。どうしたらよいでしょうか。

回答者（映画監督、男性、65歳）：

　レゴはすでに、弟さんの人生の一部であり、創造の源であり、明日への活力となっているのでしょう。弟さんは「レゴ・アーティスト」の道を進もうとしているのかもしれません。いずれにしても一人前の男性として弟さんを信じてあげるべきではありませんか。

1　母親はどんな気持ちで①「子どもじゃあるまいし、またレゴ遊び。」と言っているか。

　　**1**　子どもではないのに、ずっとレゴ遊びを続けているのは評価できる。

　　**2**　レゴ遊びは大人がするものではないからやめてほしい。

　　**3**　子どもでも大人でも夢中でレゴ遊びをするのは気がかりだ。

　　**4**　子どもではないから、夜遅くまで自由にレゴ遊びをしてもかまわない。

2　②「母さんにはわからないよ。」とあるが、母親に何がわからないと思っているか。

　　**1**　レゴの世界の魅力

　　**2**　レゴの作り方

　　**3**　今何を作っているか

　　**4**　姉が心配していること

3　相談者は、どんなことを一番心配しているか。

　　**1**　親子関係が悪化すること

　　**2**　レゴばかりして働かないこと

　　**3**　ストレスで自分が病気になること

　　**4**　弟の健康や将来のこと

この問題では、問題用紙に何も印刷されていません。まず文を聞いてください。それから、それに対する返事を聞いて、1から3の中から、最もよいものを一つ選んでください。

| 1 | **1** | **2** | **3** | CD 29 |
| 2 | **1** | **2** | **3** | CD 30 |
| 3 | **1** | **2** | **3** | CD 31 |
| 4 | **1** | **2** | **3** | CD 32 |

# 8 楽園の萌花（1）

## できること

● ファンタジー小説を読んで、やや古風な表現を味わいながら、登場人物やその関係を理解することができる。

Read a fantasy novel and understand the relationships between characters while coming across somewhat old expressions.

CD 33

何か考え込んでいる表情で萌花は先ほどから庭を行きつ戻りつしている。優斗はその様子を見る**ともなく**見ている。

萌花は十六歳。年よりもずっと大人っぽい印象だ。この神社の娘として生まれ、町を異界のものたちから守る**べく**育てられてきたのだから、普通の十六歳と同じはずがない。物心ついて**からというもの**、修行ずくめの毎日だった。この家に生まれたばかりに、普通の子どものように遊んだこともない。それは、生まれ**ながらに**決められていたことだった。とはいえ、それを不満に思っているわけでもない。萌花にしてみれば、当たり前のことをしてきた**までのことである**。厳しい修行**をものともせず**、母親をも超える力を身につけてきた。

優斗は十七歳、高校2年生である。赤ん坊のころに事故で両親を失い、この神社に引き取られた。今は、高校に通う**かたわら**、神社の掃除やら庭の手入れやらの手伝いをしている。

（つづく）

88
〜
106

## 88 行きつ戻りつ

### どう使う？

「AつBつ」は、AとBを繰り返すことを表す。
" AつBつ " means to do A and B repeatedly.

$V_1$-ます ＋ つ ＋ $V_2$-ます ＋ つ

＊ $V_2$ には $V_1$ の受身形か反対の意味の動詞が使われる。

＊「押しつ押されつ・抜きつ抜かれつ・浮きつ沈みつ・組んずほぐれつ・差しつ差されつ・持ちつ持たれつ」などが使われる。

①昨日のマラソンは、最後まで抜きつ抜かれつの接戦が繰り広げられた。

②花火大会は押しつ押されつで、すごい人ごみだったが、楽しかった。

③川面に落ちた紅葉が浮きつ沈みつ流れて行くのを2人で見ていた。

④ご近所同士は、持ちつ持たれつ助け合える関係を築きたいものです。

⑤家電各社は追いつ追われつの技術競争を繰り広げて発展してきた。


## 89 見るともなく ★★★

### どう使う？

「～ともなく」は「はっきり意識しないで／目的を持たずに～する」と言いたいときに使われる。
"～ともなく " is used when you want to say someone is "not really aware / doing ～ without a purpose."

V-る ＋ ともなく

＊「見る・聞く・考える」などの言葉と一緒に使われる。

＊前後に同じ動詞や似た意味の動詞を使うことが多い。

①窓の外を見るともなく見ていたら、猫がかわいい子猫を連れて歩いてきた。

②聞くともなくラジオを聞いていたら、故郷の町の名前が出てきて驚いた。

③将来について考えるともなく考えていたところに、知人から転職の誘いを受けた。


### やってみよう！

▶答え 別冊P. 6

1）電車の中で、隣の人の会話を ＿＿＿＿＿＿ ともなく ＿＿＿＿＿＿ いたら、私の
好きな歌手の話だった。

2）空を ＿＿＿＿＿＿ ともなく ＿＿＿＿＿＿ いると、遠くから金色に光る物体がゆっ
くりと近づいてきた。

３）授業中、ノートの端に落書きを ＿＿＿＿＿＿ ともなく ＿＿＿＿＿＿ いたら、先生に叱られた。

４）夜中に目が覚めてしまい、音楽を聞きながら夜が明けるのを ＿＿＿＿＿＿ ともなく ＿＿＿＿＿＿ いた。

2）

| する　　聞く　　見る　　待つ |
| --- |

「疑問詞（＋助詞＋ Ⓥ ）＋ともなく」は「はっきりわからないが」と言いたいときに使われる。
"Question word (+ particle + Ⓥ ) +ともなく " is used when you want to say "I don't know for sure, but…."

①夕方の商店街を歩くと、どこからともなくおいしそうな匂いが漂ってくる。
②すべての演奏が終了した後も、観客の拍手はいつ終わるともなく続いていた。
③課長は誰に言うともなく、ぶつぶつ何かつぶやいている。

## **90**　町を異界のものたちから守るべく　★★

### どう使う？

「〜べく…」は「優勝すべく練習を重ねた」のように「〜（優勝）しようと思って…する（練習を重ねる）」と言いたいときに使われる。
As in " 優勝すべく練習を重ねた ", "〜べく…" is used when you want to say someone "does …（練習を重ねる） wanting to do 〜（優勝）."

### V-る ＋ べく

＊「する」は「するべく」「すべく」のどちらも使われる。

①留学経験を生かして、独自のビジネスを立ち上げるべく、準備を進めている。
②島の生活環境を改善するべく、島民はさまざまな取り組みをしている。
③今年こそロケットを完成させるべく、研究者たちは努力を続けている。
④自転車による事故を減らすべく、広報活動を強化することになった。

88
〜
106

## やってみよう！

▶答え　別冊P.6

1）地震発生を一刻も早く知らせる　　　　　・a）多くのメディアが速報を流した。

べく、　　　　　　　　　　　　・

2）今年こそは、志望校に合格する　　　　　・b）タクシーで病院へ向かった。

べく、　　　　　　　　　　　　・

3）交番は地域住民の安全を守るべく、・　　・c）苦手な数学を克服するつもりだ。

4）妻の出産に立ち会うべく、　　　・　　・d）駅前などに配置されている。

☞ p.184　〜べき／べく／べからず

## 91　物心ついてからというもの　　　★★★

### どう使う？

「〜てからというもの」は「〜をきっかけに（大きく変わり、それがずっと続いている）」と言い
たいときに使う。
Use "〜てからというもの" when you want to say "(something changed in a big way) because of 〜 (and that
new situation is continuing)."

**V-て** ＋ からというもの
＊「それからというもの」という使い方もある。

①結婚してからというもの、彼は仕事が終わるとまっすぐ家に帰るようになった。

②その歌を聞いてからというもの、メロディーが頭から離れない。

③大型スーパーができてからというもの、駅前の商店街は売り上げが30％以上減ってし
まったという。

④兄は去年就職した。それからというもの、家で家族と食事をする暇もなくなった。

### やってみよう！

▶答え　別冊P.6

1）12月に入ってからというもの、（a．連日厳しい寒さが続い
ている　b．旅行に行ったほうがいい）。

2）私は事故を起こしてからというもの、（a．酒は一滴も飲ん
でいない　b．警察に捕まった）んです。

3）幽霊を見てからというもの、（a．とても恐ろしかった
b．1人でトイレに行けなくなった）。

3）

4）妻を亡くしてからというもの、彼は（a．めっきり老けこんで　b．すぐ再婚して）

しまった。

☞ p.180　〜てから

「 N ＋ というもの」は「その期間中ずっと」という意味で使われる。　★★
" N ＋というもの" is used to mean "during that whole time."

①この1週間というもの、カップラーメン以外のものを口にしていない。

②ここ数年間というもの、毎月のように海外出張させられている。

☞ p.185　〜もの／もん

## 92　生まれながらに　★★

### どう使う？

「〜ながら（に）」は「〜の状態のまま／〜のときから変わらず」と言いたいときに使われる。
"〜ながら（に）" is used when you want to say "remain in situation 〜 / be continuously … from the time of 〜 ."

V-ます
N ］＋［ ながら（に）
ながらの ＋ N

＊「いる・生きる・生まれる・昔・涙・いつも」など、決まった言葉と一緒に使われることが多い。

①仏陀は生まれながらに非凡な才能を発揮したそうである。

②ゲーム機しか知らない子どもたちにも、昔ながらの遊びを伝えたい。

③彼の手品はいつもながら、期待を裏切らない見事なものだった。

④昔、地位の高い人が亡くなると、お供の人を墓の周りに生きながら埋

めるという習慣があったそうだ。

①

### やってみよう！

▶答え　別冊P. 6

1）涙ながらに戦争体験を語る老人の姿は、多くの人々の心を打った。

　a．涙を流して　　　　　b．泣きそうになって　　　　c．涙なしに

2）この店では、昔ながらの製法で作られたお菓子を売っている。

　a．昔よりいい　　　　　b．昔はなかった　　　　　　c．昔と変わらない

3）オンデマンド講座は、自宅にいながら自分のペースで学習できるシステムだ。

　a．自宅にいないから　　b．自宅にいてもいなくても　c．自宅にいて

☞ p.182　〜ながら

88
〜
106

## 93 当たり前のことをしてきたまでのことである ★

### どう使う？

「〜たまでのことだ」は「したことに〜以外の意味はない」という気持ちを表す。いいことをして感謝されたときなどの返事に使われるときには、謙遜（けんそん）の気持ちが含まれる。

"〜たまでのことだ" expresses the feeling that "there is no meaning other than 〜 from having done something." When used to reply to, for example, an expression of gratitude for having done something good, it includes a feeling of modesty.

**V-た** + 
- までのことだ
- までだ

①私が内部告発（こくはつ）したのは、自（みずか）らの良心（りょうしん）に従（したが）ったまでのことです。

②Ａ：助けていただき、ありがとうございました。

　Ｂ：いやいや、医者として当然のことをしたまでです。

③聞かれたから答えたまでで、別に深い意味はないよ。

☞ p.184　〜まで

## 94 厳（きび）しい修行（しゅぎょう）をものともせず ★★

### どう使う？

「〜をものともせず」は「困難なことがあっても、その障害（しょうがい）を大変なことと思わないで、（力強く行う）」と言いたいときに使われる。普通は自分の行動には使わない。

"〜をものともせず" is used when you want to say "even if there is some difficulty, the person does not think that obstacle is serious (and will press onward)." Normally, do not use it to describe your own behavior.

**N** + をものともせず（に）

①激流（げきりゅう）をものともせず、彼はカヌーで川を下（くだ）っていった。

②子どもたちは、連日（れんじつ）の暑さをものともせず、元気に遊びまわっている。

③度重（たびかさ）なる故障（こしょう）をものともせず、惑星探査機（わくせいたんさき）はやぶさは地球に帰還（きかん）した。

④鈴木（すずき）選手は初出場（はつしゅつじょう）のプレッシャーをものともせず、オリンピックで金メダルを獲得（かくとく）した。

134

### やってみよう！

1）登山隊は、悪天候をものともせず、ついに登頂に成功した。
　　a．悪天候に負けないで
　　b．悪天候だからこそ
　　c．悪天候であってもなくても

2）砂漠の過酷な環境やマシントラブルをものともせず、彼らは1万2千kmを走りぬいた。
　　a．一切問題がなく
　　b．さまざまな問題があったが
　　c．問題があるかもしれないが

## 95　高校に通う**かたわら**　★★★

### どう使う？

「Aかたわら B」は「Aをしながら、他のこと（B）もしている」と言いたいときに使う。
Use " Aかたわら B " when you want to say "while doing A, doing something else (B), too."

$$\left.\begin{array}{l}\textbf{V-る}\\ \textbf{N} + の\end{array}\right] + かたわら$$

①友人は予備校で数学を教えるかたわら、小説を書いている。

②彼は会社を経営するかたわら、スポーツの振興にも力を注いでいる。

③陶芸家の田中さんは作品作りのかたわら、自宅で野菜を作って自給自足の生活をしているそうだ。

④最近は育児のかたわら、インターネットでビジネスをする女性が増えている。

③

88
〜
106

## やってみよう！

▶答え　別冊P. 6

1）この動物園は動物を飼育して展
　示するかたわら、　　　　　　　・

2）社会人野球の選手達は会社員
　として働くかたわら、　　　　・

3）橋本さんは靴屋を営むかたわら、・

4）この果樹園はりんご栽培のかた
　わら、　　　　　　　　　　　・

・a）商工会議所の議長として活躍している。

・b）ジャムなどの製造販売もしている。

・c）繁殖にも力を入れている。

・d）日々、練習に励んでいる。

## Check

▶答え　別冊P.6

**1**

1）次々に襲ってくる敵の兵士 ＿＿＿＿＿＿＿＿
彼はお姫様を救い出した。

2）弊社は、今後もお客様の安全を守る
＿＿＿＿＿＿＿＿、最大限の努力を行ってまいり
ます。

3）西山さんは各国の食文化を調査する ＿＿＿＿＿＿＿＿、食にまつわるエッ
セーも執筆されています。

4）車内の広告を見る ＿＿＿＿＿＿＿＿ 見ているうちに、うっかり乗り過ご
してしまった。

| ともなく　　べく　　かたわら　　をものともせず |
| --- |

**2**

1）ラスト10分間、（a．追いつ追われつの　b．追いながらに）息詰まるカー
チェイスは見逃せない！

2）一人暮らしの祖母は、犬を（a．飼い始めてからというもの　b．飼いつ飼
われつの）、毎日が楽しくてしかたがないと言う。

3）基本的人権とは、人間が人間として（a．生まれるともなく　b．生まれな
がらに）持っている権利のことです。

4）警察官としての責任を（a．果たしたまでのことで　b．果たしてからとい
うもの）表彰されるようなことではありません。

88
〜
106

# 8 楽園の萌花（2）

● ファンタジー小説を読んで、やや古風な表現を味わいながら、出来事の経緯を追って登場人物の心情が理解できる。
Read a fantasy novel, follow events and understand the emotions of the characters, all while coming across somewhat old expressions.

**CD 34**

萌花の今日の表情には理由がある。昨夜の小鬼が残した謎めいた言葉だ。

小鬼が現れる**や否や**、萌花は懐から短い刀を出した。この神社に伝わる宝の一つだ。小鬼は、そのギラリとした光を見ただけで恐れて逃げ出すのが普通である。この小鬼**ごとき**は、それになぜ自分に、楽園とは何か、あのお方とは誰か、すべての質問に答えることなく、小鬼は黒い空に溶け込み、姿を消した。

小鬼の体は薄紙**のごとく**透け始めた。あのお方がお姿を現される。待て。」と。

「楽園を創らんがため、あのお方がお姿を現される。待て。」と。

それを伝えるのか、すべての質問に答えることなく、小鬼は黒い空に溶け込み、姿を消した。

暗くなっていた空が、**一瞬にして**満月の明るさを取り戻した。

も慌てて逃げ出すかと思いきや、じっと萌花の目を見ると、声を出さずに伝えた。

― 中略 ―

戦いは終わった。萌花は倒れている優斗のそばに腰を下ろした。今回の戦いで優斗がいなかったら、町は、いや日本はどうなっていたか。考える**だに**恐ろしいことだ。優斗はもうしばらく休めば目を覚ますだろう。しかし、自分が戦いの結果を左右したことは覚えているまい。萌花も優斗がそのような力を持っているとは想像**だにしなかった**。優斗に力のことを伝えるかどうか、萌花はまだ決めかねている。それを伝えれば、優斗もまた今日を**限りに**普通の高校生の生活には戻れない。

「まあいい。今は少し休もう。」萌花は考えるのをやめ、静かに目を閉じた。

（完）

### どう使う？

「〜めく」は「だんだん春めいてきた」のように「〜（春）と感じられる部分がある」ときに使われる。「完全に〜（春）」であるときには使わない。

As in " だんだん春めいてきた ", " 〜めく " is used when "there are parts that feel like 〜（春）. Do not use it when it is "fully 〜（春）.""

N ＋ ┌ めく
　　　└ めいた ＋ N

①風も涼しくなり、徐々に秋めいてまいりましたが、いかがお過ごしでしょうか。

②冗談めいた口調だったが、「10年後は俺が社長かもね」と言った彼の目は真剣そのものだった。

③彼は上司のせいで苦労したが、非難めいたことは一言も言わず、黙々と働いていた。

④歴史上の人物の生涯には、とかく作り話めいた美談が存在しているものだ。

### やってみよう！

▶答え　別冊P. 7

1）東京もいよいよ ＿＿＿＿＿＿ めいてきて、桜の開花が待ち遠しくなりました。

2）モナリザの ＿＿＿＿＿＿ めいた微笑は時代を超えて人々を魅了し続けている。

2）

3）社長の口から出たのは、＿＿＿＿＿＿ めいた言葉だけで、被害者への謝罪の言葉は一言もなかった。

4）不正を暴いたジャーナリストに対して、「交通事故に気をつけろ」といった ＿＿＿＿＿＿ めいた電話が毎日かかってくる。

| 謎　　言い訳　　春　　脅迫 |
| --- |

## 97　小鬼が現れるや否や　 ★★

### どう使う？

「〜や否や」は「〜とすぐ／〜たとたん」と同じように、「前のことがあった直後に、何かが起きた」と言うときに使われる。

"〜や否や" is used just like " 〜とすぐ／〜たとたん " when you say "something happened immediately after the preceding event occurred."

V-る ＋ ┌ や否や
　　　　 └ や

①電話を切るや否や、刑事は部屋を飛び出して事件現場に向かった。

②人気グループのコンサートチケットは発売されるや否や、あっという間に完売となってしまった。

③優勝の瞬間、大川選手は「やった！」と叫ぶや、コーチの元へ駆け寄った。

### やってみよう！

▶答え 別冊P. 7

1) 空港のロビーに彼が現れるや否や、何十人もの女性ファンが（a．歓声を上げた
　 b．待っていた）。

2) そのワインを一口飲むや否や、（a．とてもおいしかった　b．山野氏はばったり倒れた）。

3) スーツケースの札束を見るや、（a．偽札だったらしい
　 b．男の目の色が変わった）。

3)

4) 彼女が歌い終わるや否や、（a．観客は総立ちになった
　 b．早くサインをもらいに行こう）。

## 98　小鬼ごとき　 ★★

### どう使う？

「〜ごとき」は「お菓子ごときで兄弟げんかするな」のように「〜（お菓子）なんか」と「〜」を低く見て言うときに使われる。「私ごとき」と謙遜して使うこともある。

As in "お菓子ごときで兄弟げんかするな", "〜ごとき" is used when you say "it is just 〜（お菓子）" and look down on "〜." You can also say " 私 ごとき" to express modesty.

N ＋ ごとき

140

①我が社には優れた技術があるんだから、不況ごときに負けないで頑張ろう。

②あいつごときが何を言ってきたって、私たちがついているから恐れる必要はないよ。

③私ごときにこのような大役をお任せいただき、大変光栄です。

### やってみよう！

▶答え　別冊P. 7

1) こんな問題ごとき、（a. 小学生でも解ける　b. 小学生では解けない）。

2) アリごときに、高い殺虫剤を使うのは（a. 当たり前だ　b. もったいない）と思う。

3) 風邪ごときで、大切な試合を休む（a. のはやむを得ない　b. わけにはいかない）。

4) ラーメンごときに1時間も並ぶなんて（a. 理解できない　b. 当然だ）と彼は言った。

## 99　慌てて逃げ出すかと思いきや　★★

### どう使う？

「～かと思いきや」は「～と思っていたら」という意味で、予想したことと違っていて、意外に感じたときに使われる。

"～かと思いきや", meaning "I thought that ～ but," is used when you feel something is different from what you expected or when you feel something is unusual.

PI ＋ かと思いきや

[なA だ　N だ]

＊「か」のない形もよく使われる。その場合は「 なA （だ）／ N （だ）と思いきや」になる。

①なかなか連絡が来ないので落ちたかと思いきや、今日になって合格通知が届いた。

②アルバイトの人かと思いきや、社長自ら掃除していたので驚いた。

③住宅街のマンションだから静かだと思いきや、遅くまで人通りが多くてうるさかった。

④家を建ててやっと落ち着けると思いきや、海外へ転勤することになってしまった。

⑤年末の忙しい時期だから欠席者が多いと思いきや、全員そろっていたので驚きました。

### やってみよう！

▶答え　別冊P. 7

1) 全部の問題を解き終わったと思いきや、終了5分前に（a. 提出して帰ってしまった　b. 問題の続きがもう1ページあるのに気付いた）。

2) （a. 子どもがおいしそうに飲んでいる　b. 大人が先を争って飲んでいる）ので、ジュースだと思いきや、なんと酒だった。

３）被害者だと思いきや、（a．実は彼女が犯人だった　b．みんな彼女に同情した）。

☞ p.181　～と思う

## 100　楽園を創らんがため　★

### どう使う？

「～んがため」は「～するため」という意味で、特別な目的のために何かをするときに使われる。
"～んがため", meaning "in order to ～," is used when you do something for a special purpose.

**V- ない** ＋ 「 んがため
　　　　　　 んがための ＋ **N**

＊「する」は「せんがため」になる。

①国民の生命を守らんがため、彼は敢えて危険を伴う任務を引き受けた。

②売らんがためとはいえ、安全性を無視して価格を下げるやり方は

　問題だ。

③全宇宙を征服せんがため、彼は大宇宙船団を率いて飛び立った。

④「うそも方便」と言うが、人を救わんがためのうそは許される

　と、私は思う。

## 101　薄紙のごとく　★★

### どう使う？

「～のごとく」は「～のように」と同じ意味で、「風のごとく走り去った」のように例えたり、
「下記のごとく決定した」のように例や内容を挙げたりするときに使われる。
"～のごとく", which means the same thing as "～のように", is used when you make an analogy as in "風のごとく走り去った" or give examples or details as in "下記のごとく決定した".

**N** ＋ の ＋ ごとく

＊「**N** のごとし」「**N** のごとき **N**」の形もある。

①スターとして華々しく活躍する彼女のそばには、いつも影のごとく寄り添う母の姿が

　あった。

②宝くじで大金を手に入れたが、湯水のごとく使い続け、1年後には元の貧乏生活に戻っ

　てしまった。

③兄弟に残された遺書には次のごとく記されていた。

④北里氏は鉄のごとき信念をもって新薬開発に取り組んでいる。

⑤A：日本へ来てから何年経ったっけ。

　B：もう５年だよ。光陰矢のごとしだね。

「 PI （＋が／かの）＋ ごとく」の形でも使われる。

＊「 なAだ／ Nだ である」になる。

①その 侍 は草を薙ぎ払うがごとく押し寄せる敵を倒し
　続けた。

②風に吹かれて舞うごとく、桜の花が散っている。

③「明日死ぬかのごとく生き、永遠に生きるかのごとく
　学べ」とは、ガンジーの有名な言葉である。

④社長の息子は自分が社長であるかのごとく威張っているので、みんなに嫌われ
　ている。

⑤彼は怖いものなど何もないかのごとく振る舞っているが、実はかなりの小心
　者だ。

### やってみよう！

▶答え　別冊P.7

1）彼女は昨年彗星のごとく現れ、　・

2）老いて後も健康に暮らし、安ら
　かに眠るがごとく　　　　　　・

3）その黒い人影は忍者のごとく　・

4）騒ぎの後、人々は何事もなかっ
　たかのごとく　　　　　　　　・

・a）一生を終えることこそ、幸福だと言え
　　　よう。

・b）わずか1年で世界中の多くのファンを
　　　魅了する大スターとなった。

・c）平然と食事を続けた。

・d）足音も立てずに塀を越えて闇の中に消
　　　えていった。

## 102　一瞬にして　　　★

88
〜
106

### どう使う？

「〜にして」は「〜で」という意味で、状況や状態・様子について特にはっきり示したいときに
使う。
Use "〜にして", meaning "〜で", when you really want to clearly illustrate a situation, state or appearance.

N ＋ にして

①砂に描いた絵は、強風により、一瞬にして消え去った。

②志半ばにして病に倒れた画家は、どれほど無念だったであろう。

③40歳を「不惑」というが、これは孔子の「四十にして惑わず」という言葉が元になっている。

④妹は交通事故に遭ったが、幸いにして軽いけがだったので入院せずにすんだ。

☞ p.183　〜にして／にしろ／にした

## 103　考えるだに恐ろしい ★

### どう使う？

「〜だに」は「直接体験しなくても、〜だけでも十分に」という気持ちを表す。「恐ろしい・辛い・難しい」などの否定的な気持ちや戸惑いの気持ちを表すときに使う。
"〜だに" expresses the feeling that "even without directly experiencing it, just 〜 makes me feel thoroughly".
Use this when you express bewilderment or negative emotions such as "恐ろしい・辛い・難しい".

V-る ＋ だに
＊「考える・思い出す・聞く・見る・口にする」などの言葉と一緒に使われる。

③

①あんな高いところから飛び降りるなんて、想像するだに恐ろしい。

②卒業試験のことは、考えるだに気が重くなる。

③その山寺は、見るだに不気味な雰囲気に包まれていた。

## 104　想像だにしなかった ★

### どう使う？

「〜だにしない」は「〜さえしない／全く〜しない」ことを表す。
"〜だにしない" expresses the idea that "won't even do 〜 / won't do 〜 at all."

N ＋ だにしない
＊「想像・予想・微動・一顧」など限られた言葉と一緒に使われる。

①予想だにしなかったコンピューターのシステム障害が発生し、担当者は対応に追われた。

②私はいい企画だと思ったが、社内では一顧だにされなかった。

③エネルギーの消費を抑えるために何時間も微動だにしない動物もいる。

④古代エジプトの王は、自分の体が数千年後に博物館に展示されるとは、想像だにしなかっただろう。

## 105　決めかねている　★★★

### どう使う？

「〜かねる」は「〜したい気持ちはあるが、別の事情があったり、心理的に抵抗を感じたりしてできない」と言いたいときに使う。「できない」とはっきり言いたくないときに使うことが多い。
Use "〜かねる" when you want to say "I feel that I want to 〜, but I can't because of other circumstances or because mentally I sense resistance." This is often used when you do not want to directly say "できない".

**V-~~ます~~ ＋ かねる**

①社長が出した方針は部分的に賛成しかねる内容を含んでいたが、反対するわけにもいかず、黙っていた。

②私の一存ではお答えいたしかねますので、店長を呼んでまいります。

③どうして君が仕事をやめたいと言いだしたのか、理解しかねるんだけどね。

④雪深いこの里では皆が春の訪れを待ちかねている※。　

　　　　　　　※待ちかねる：「待ちきれないくらい待っている」という意味。

⑤1人で山のような仕事を抱えている私を見るに見かねて※、同僚が手伝ってくれた。

　　　　　　　※見かねる：「見ていられないぐらいの良くない状況だ」という意味。

### やってみよう！

▶答え　別冊P. 7

1）この料理は値段に相応しい味とは言いかねる。

　　ａ．おいしいとは言えない　　ｂ．おいしいと言える

2）両親と自分の希望が違うために、どの大学を受験するか決めかねている。

　　ａ．考えるおそれがある　　ｂ．まだ考えているところだ

3）Ａ：俳優の松坂さんとの結婚はどうなっているんですか。

　　Ｂ：本日は新作映画の試写会ですので、個人的な質問にはお答えしかねます。

　　ａ．答えなければなりません　　ｂ．答えることができません

4）そのような意見には、とうてい同意しかねます。

　　ａ．とても同意できるような意見ではない。　　ｂ．大いに同意すべき意見である。

☞ p.178　〜かねない／かねる

## 106 今日を限りに ★★

### どう使う？

「～を限りに」は「～が最後で、（続いていたことが終わる）」と言いたいときに使われる。何かを決意したり、残念に思っているときに使われることが多い。

"～を限りに" is used when you want to say "～ is the last one (and what has continued until now will end)." This is often used when you are determined to do something or think it is unfortunate.

 ＋ ⌈ を限りに
　　　　 ⌊ 限りで

＊「今日・今月・今年」などの言葉と一緒に使われる。

① 「今日を限りにギャンブルはやめる」と、彼は今年だけでも3回は言った。

② 明日を限りに離れ離れになる2人は夜を徹して語り明かした。

③ 山田選手、「今シーズン限りで引退」と、突然の発表。

### やってみよう！

▶答え 別冊P. 7

1）長年通ったこの学校とも今日を限りにお別れです。

　　a．明日も学校へ行く。

　　b．明日からは学校へ行かない。

2）彼女への想いは今日を限りにきれいさっぱり捨ててしまおう。

　　a．今までずっと彼女への想いを心に抱いていた。

　　b．彼女への想いは今日芽生えたばかりだ。

3）当動物園は、今年限りで閉園することになりました。

　　a．今年は見られない。

　　b．来年から見られない。

☞ p.183　～に限る／限り

## Check

▶答え　別冊 P. 7

1）動物園が開門する ＿＿＿＿＿＿＿、子どもたちは一直線にパンダの檻に向かって駆けだした。

2）最後まで権力に屈せず、信念を貫いた彼女の生き方は、まさに炎の ＿＿＿＿＿＿＿ 一生だった。

3）お笑い芸人の彼は、普段も明るい ＿＿＿＿＿＿＿、会ってみると意外に無口な人物だった。

4）貧困にあえぐ多くの国民を一顧 ＿＿＿＿＿＿＿ 贅沢な生活を送っている支配者もいた。

5）昔は聞く ＿＿＿＿＿＿＿ 恐ろしい刑罰が実際に行われていたそうだ。

| だに　　　と思いきや　　　ごとき　　　や否や　　　だにせず |
| --- |

6）今年度 ＿＿＿＿＿＿＿、本学部は学生募集を停止し、来年度より経済学部に統合されることになりました。

7）A氏は、有権者の支持を得 ＿＿＿＿＿＿＿、無理な公約を掲げていると批判された。

8）都会の片隅にたたずむ1軒の何やら秘密 ＿＿＿＿＿＿＿ バー。ここが小説の舞台だ。

9）夏の暑さ ＿＿＿＿＿＿＿ 負けてたまるかとばかりに、セミは鳴き続けた。

9）

10）ここで値上げに踏み切るべきかどうか、私には判断がつき ＿＿＿＿＿＿＿ 問題です。

| かねる　　　めいた　　　んがため　　　ごときに　　　を限りに |
| --- |

88
〜
106

## まとめの問題 Review questions

▶答え 別冊 P.13

### 問題1 〈文法形式の判断〉

次の文の（　　　）に入れるのに最もよいものを、1・2・3・4から一つ選びなさい。

1 　友人が会社をクビになったというから、さぞかし金に困っているだろう（　　　）、毎日外車を乗り回して遊んでいるというのだ。

   **1** といえども　　**2** とはいえ　　**3** というものの　　**4** と思いきや

2 　大統領の熱のこもった演説が終わる（　　　）、会場は割れんばかりの拍手と歓声に包まれました。

   **1** や否や　　**2** かたわら　　**3** そばから　　**4** とあって

3 　これは、差別や貧困（　　　）、一代で国際的な実業家となった男の生涯を描いたドキュメンタリーである。

   **1** を問わず　　　　　　　　　　**2** を皮切りにして

   **3** をものともせず　　　　　　　**4** をもとにして

4 　この神社の境内は、桜の名所として知られる（　　　）、梅雨の季節にはあじさいの花も楽しめます。

   **1** かたがた　　**2** 一方　　**3** かたわら　　**4** 限り

5 　熱心に講義を続ける教授の耳に、（　　　）からともなく静かな寝息が聞こえてきた。

   **1** 後ろ　　**2** 何　　**3** 外　　**4** どこ

6 　突然契約を結ぼうと言ってくるなんて、私には先方の真意がはかり（　　　）んです。

   **1** かねない　　**2** かねる　　**3** 得る　　**4** っぽい

| 7 | この薬を飲むようになってからというもの、（　　　　）んですよ。

| | **1** ずっと体調がいい | **2** 突然倒れた |

| | **3** 前と体調が変わらない | **4** すぐに退院した |

| 8 | 約束の時間に遅れて、「おそよう」なんて皮肉（ひにく）（　　　　）ことを言われた。

| | **1** らしい | **2** 気味（ぎみ）な | **3** 次第（しだい）の | **4** めいた |

## 問題2 〈文の組み立て〉

次の文の＿★＿に入る最もよいものを、1・2・3・4から一つ選びなさい。

| 1 | 日本の労働者の多くが、周囲に配慮（はいりょ）するあまり、

＿＿＿＿　＿＿＿＿　＿★＿　＿＿＿＿　と考えてしまう。

| | **1** 休めない | **2** 頭痛 | **3** たかが | **4** ごときで |

| 2 | これからも、皆様の　＿＿＿＿　＿＿＿＿　＿★＿　＿＿＿＿　努めてまいります。

| | **1** べく | **2** 沿（そ）う |

| | **3** ご期待に | **4** サービス向上（こうじょう）に |

| 3 | これだけ精巧（せいこう）にできていると、＿＿＿＿　＿＿＿＿　＿★＿　＿＿＿＿　のではないでしょうか。

| | **1** 本物か | **2** つきかねる | **3** どちらが | **4** 判断が |

## 問題3 〈読解〉

次の文章を読んで、後の問いに対する答えとして最もよいものを、1・2・3・4から一つ選びなさい。

「高校の講師の口があるんだけど、どうかね。」
　俺（おれ）が、先輩（せんぱい）の半年間をかけた実験データを誤（あやま）って消してしまってからというもの、気まずくなっていた研究室の空気を察（さっ）した教授が、声をかけてくれた。
　教師なんて、もともと人前（ひとまえ）でしゃべるのが苦手な俺（おれ）が、絶対に避（さ）けたかった職業だ。しかし、世話になった教授にそんな理由はさすがに言いかねた。それに、親元（おやもと）からの送金がなくなり、研究のかたわらバイトすれば何とかなるだろうという見通（みとお）しは

甘く、食わんがためには、やむを得ない選択だった。

俺は、腹をくくった。高校生ごときになめられるものか……。

深呼吸して「１－Ａ」のドアを開けた。

ざわついていた空気が一瞬で静まり、「起立」という声とともにガタガタと椅子の音が響き、教室中の紺色の制服が立ちあがった。

教卓に進む俺に向かって一斉に注がれる40の視線。こっちを見ながら、何やらささやきあっているやつらもいる。

「礼」

形式的な挨拶が終わり、全員が着席すると同時に、後ろのドアがガラッと開き、ヘルメットを抱えたやつが１人入って来た。俺と目が合うなり、そいつが口を開いた。

「ね、誰？」

さっきどこからともなく響いていたバイクの音は、こいつだったのか。

---

１ 「俺」が教師になったのはなぜか。

**1** 高校生が好きだから　　　　**2** 研究室が嫌になったから

**3** 生活が苦しかったから　　　**4** 先輩にお世話になっているから

---

２ クラスの生徒たちの「俺」に対する態度として最も適当なものは何か。

**1** 尊敬　　　**2** 興味　　　**3** 親切　　　**4** 無関心

**問題4** 〈聴解〉

1　まず話を聞いてください。それから、二つの質問を聞いて、それぞれ問題用紙の1から4の中から、最もよいものを一つ選んでください。

<table>
<tr><td>☐ 1 ☐</td><td></td><td></td></tr>
</table>

☐ 1 ☐　**1**　すしを食べたい人が多いから　　　　　　　CD 35

　　　　**2**　フランス語に自信があるから

　　　　**3**　テレビの番組で紹介されたから

　　　　**4**　料理の勉強ができるから

☐ 2 ☐　**1**　大学と専門学校の勉強の両立が難しいこと

　　　　**2**　生の魚が調理できないこと

　　　　**3**　勉強の期間が短いこと

　　　　**4**　フランス語ができないこと

2　この問題では、問題用紙に何も印刷されていません。まず文を聞いてください。それから、それに対する返事を聞いて、1から3の中から、最もよいものを一つ選んでください。

☐ 1 ☐　**1**　　　**2**　　　**3**　　　　　　　　　　　CD 36

☐ 2 ☐　**1**　　　**2**　　　**3**　　　　　　　　　　　CD 37

# 9 トリアージ

●やや専門的な説明を聞いて、その内容や発話者の意見が理解できる。

Listen to a somewhat technical explanation and understand its content and the speaker's opinion.

司会者：本日は「トリアージ」について、救命救急がご専門の医師の森先生に
お話を伺います。森先生、よろしくお願いします。

森　：森です。「トリアージ」と言いますのは、患者の治療について優先順位
を決めることです。例えば、大きな災害や事故で多数のけが人が出たと
しましょう。病院は1か所、対応できる医者が2人しかいないとしたら、どんな治療ができるでしょうか。医療設備やスタッフの数からして、対応に限界があるでしょう。100人**からいる**けが人の中には、命に**かかわる**重傷者もいます。このような緊急時**にあって**、医師は速やかな決断を迫られます。

まず専門家が、一目でわかるように、けが人に色分けされたタグを付けていきます。タグの赤色は、一刻も早い処置が必要で救命の可能性がある者。黄色は、今すぐ命にかかわるほどのけがではないが、早い処置が必要な者。緑色は、軽傷者で救急に搬送の必要のない者。

そして、黒色のタグは、すでに死亡が認められたか、あるいは今この段階では救命が不可能な者という分け方です。

司会者：う～ん、確かに必要な判断だとはいえ、もし目の前で黒のタグを付けられたとしたら、そのけが人の家族は頭では理解しつつも、あきらめきれないのではないでしょうか。

森　：確かに、見**ようによっては**非情な行為かもしれません。ですが、このような緊急時には、助けられる命を優先するのが最も良い方法なのです。

司会者：医療現場で究極の選択が必要になるということですね。私たちも冷静に受け止めなければならないことがよくわかりました。

# 107　100人からいるけが人　★

## どう使う？

「〜からいる」は、普通よりはるかに多い数であることを表す。「〜からある」「〜からの」も同じ意味で使われる。

"〜からいる" expresses a large number that is larger than normal. It is used to mean the same thing as "〜からある" and "〜からの".

**数** ＋（助数詞）＋ ［からいる / からある / からの］＋ **N**

①災害時、3,000人からいる観客を、安全に退出させるには人手が足りない。

②小さな子どもが、10kgからある旅行かばんを一生懸命運ぼうとしている。

③人気歌手が来日するとあって、空港には1,000人からのファンがつめかけた。

---

「〜からする」は、値段が非常に高いということを表す。「〜からの」も同じ意味で使われる。

"〜からする" expresses an extremely high price. It is used to mean the same thing as "〜からの".

①2,000万円からする宝石が何者かに盗まれて、大騒ぎになっている。

②この切手は発行枚数が少なかったこともあり、今では1枚50万円からの値がついているそうだ。

③伊藤氏は、個人で1億円からの寄付を申し出た。

☞ p.178　〜から

## 108 命にかかわる ★★★

### どう使う？

「〜にかかわる」は「命にかかわるけが」のように「〜に重大な影響がある」と言いたいときに使う。「教育にかかわる仕事」のように「〜に関係がある」と言いたいときにも使う。
Use "〜にかかわる" when you want to say something "has a major effect on 〜" as in "命にかかわるけが". You can also use it when you want to say something "relates to 〜" as in "教育にかかわる仕事".

**N** ＋ にかかわる

①家庭での教育は、子どもの発達や人間形成にかかわる大きな問題だ。

②政府は、国民の安全にかかわる情報はすぐに公表すべきだ。

③少子高齢社会にどう対応するかは、国の将来にかかわる問題だ。

④日本に留学して、将来貿易にかかわる仕事に就きたいと思っています。

### やってみよう！

▶答え 別冊P. 7

1）小さな医療ミスでも、患者の ＿＿＿＿＿＿ にかかわる事態を引き起こす場合もある。

2）警察は、ついに事件の ＿＿＿＿＿＿ にかかわる人物を特定した。

3）データは厳重に管理すべきだ。もし流出すれば、企業の ＿＿＿＿＿＿ にかかわる大問題になる。

4）今後高齢者が増え、＿＿＿＿＿＿ にかかわる仕事の需要がますます高まっていくだろう。

| 真相　　福祉　　命　　存続 |
| --- |


## 109 緊急時にあって ★★

### どう使う？

「〜にあって」は「〜の状況で」という意味で、「〜という厳しい／普通とは違う、特別な状況で」と言いたいときに使われることが多い。
"〜にあって", meaning "in 〜 situation," is often used when you want to say "in a special situation that is different from normal / severe in that it is 〜 ."

**N** ＋ にあって

①火災などの非常時にあっては、落ち着いて行動することがまず大事だ。

②当時は高度経済成長期にあって、政府は高速道路の整備に力を入れていた。

③不況下にあっても順調に業績を伸ばしている企業がある。

### やってみよう！

▶答え 別冊P. 7

1）キャラクターグッズは、消費が低迷している中（a．とあって　b．にあって）、なお根強い人気を保っている。

2）全品半額セール（a．とあって　b．にあって）、遠方からも客が押し寄せている。

3）悪天候下（a．にあっても　b．にあっては）、性能が低下しないブレーキの開発を目指している。

☞　2．ビールの本場とあって

## 110　見ようによっては　★

### どう使う？

「〜ようによって（は）」は「〜のしかた次第で（変わる）」と言いたいときに使われる。
"〜ようによって（は）" is used when you want to say that something "(changes) depending on how 〜 is done."

**V-ます** ＋ ようによって（は）

①その企画、取り上げようによっては、面白い番組が作れるんじゃないの？

②説明不足だと、受け取りようによっては、誤解を招くおそれがあるよ。

③同じ境遇でも考えようによって、幸せだと感じることができるものだよ。

☞　p.186　〜ように

## Check

▶答え　別冊P. 7

1）短時間の勉強でも、やり ＿＿＿＿＿＿＿、成果が上げられるはずだ。

2）情報化が進む現代 ＿＿＿＿＿＿＿、いかに個人情報を守るかは大切な課題の1つとなっている。

3）その犬は200km ＿＿＿＿＿＿＿ 長い道のりを旅して、飼い主のもとへたどり着いた。

4）このスキャンダルは、会社の評判 ＿＿＿＿＿＿＿ から、適切な対応が必要です。

| からある　　にかかわる　　にあって　　ようによっては |
| --- |

▶答え 別冊P.14

## 問題1 〈文法形式の判断〉

次の文の（　　　）に入れるのに最もよいものを、1・2・3・4から一つ選びなさい。

1　いつから（　　　）この町に音楽を愛する若者が集まるようになった。

 **1**　とはいえ    **2**　といえども    **3**　ともなく    **4**　ともなると

2　5億円（　　　）ヨットが売りに出されたが、一瞬で買い手が決まったそうだ。

 **1**　からくる    **2**　からする    **3**　からいる    **4**　からある

3　この小説はとらえ（　　　）、さまざまな解釈が成り立つと言われている。

 **1**　にかかわる       **2**　にあって

 **3**　ようととらえまいと    **4**　ようによって

4　裁判員は裁判（　　　）話は家族にさえも話してはいけない。

 **1**　に反する    **2**　に先立つ    **3**　にかかわる    **4**　にわたる

5　防災訓練の実施（　　　）、各部署から1人ずつ責任者が選ばれた。

 **1**　にあたって    **2**　につれて    **3**　にあって    **4**　にもとづいて

6　あの嬉しそうな様子（　　　）、川野君は合格したに違いない。

 **1**　からといって    **2**　からあって    **3**　からには    **4**　からみると

## 問題2 〈文の組み立て〉

次の文の ___★___ に入る最もよいものを、1・2・3・4から一つ選びなさい。

1　虫歯を放置しておくと命 _____ _____ ___★___ _____ あります。

　　**1**　にかかわる　　**2**　つながる　　**3**　大病<small>（たいびょう）</small>に　　**4**　おそれが

2　香りが強い _____ _____ ___★___ _____ 引き立てます。

　　**1**　料理の　　　　　　　　　　　　**2**　使いようによっては

　　**3**　スパイスも　　　　　　　　　　**4**　味を

3　この学校は、着物が主流<small>（しゅりゅう）</small>だった _____ _____ ___★___ _____ 制服に洋装<small>（そう）</small>を取り入れた。

　　**1**　批判を　　　**2**　受けつつも　　　**3**　時代　　　　**4**　にあって

## 問題3 〈読解〉

次の文章を読んで、後の問いに対する答えとして最もよいものを、1・2・3・4から一つ選びなさい。

　火災<small>（かさい）</small>の際、100キロからある金庫をごく普通の人間が1人で運び出したといったことがある。「火事場<small>（かじば）</small>の馬鹿力<small>（ばかぢから）</small>」というもので、仕事においても時<small>（とき）</small>に同じようなことが起きる。これは、命なり会社の存続<small>（そんぞく）</small>なりにかかわるような非常時<small>（ひじょうじ）</small>にあって出せる力である。

　だとすれば、その力を普段出さないからといって、彼または彼女が全力で働いていないと非難するのは誤りであろう。

　しかし、人を働かせる側は無理があると知りつつも、熾烈<small>（しれつ）</small>な競争に勝つべくこの領域<small>（りょういき）</small>にまで踏<small>（ふ）</small>み込<small>（こ）</small>んだ力を労働者に常時<small>（じょうじ）</small>求めるきらいがある。するとどうなるか。確かに短期的には生産性が上がるだろう。とはいえ、平常時<small>（へいじょうじ）</small>の「全力」を超えた労働をし<small>（し）</small>続けることを強いれば、労働者が心身の健康を損<small>（そこ）</small>ね、結局長続<small>（ながつづ）</small>きしないばかりか、往々<small>（おうおう）</small>にしてもともとの生産性をも下回<small>（したまわ）</small>ってしまうのである。

1 「火事場の馬鹿力」とはどういうことか。

**1** 平常時に発揮される特殊な力

**2** 非常時に発揮される特殊な力

**3** 平常時に出すと非難される特殊な力

**4** 非常時に出すと非難される特殊な力

2 筆者が最も言いたいことは何か。

**1** 経営者は労働者に常に平常時の「全力」以上の力を求めるべきではない。

**2** 経営者は労働者に常に平常時の「全力」以上の力を出させるべきだ。

**3** 経営者は労働者に短期的な生産性を上げさせるべきだ。

**4** 経営者は労働者に非常時の生産性を上げさせるべきだ。

## 問題4 〈聴解〉

まず話を聞いてください。それから、二つの質問を聞いて、それぞれ問題用紙の1から4の中から、最もよいものを一つ選んでください。

1　**1** 太陽光　　　　　　　　　**2** 風力

　　**3** メタンハイドレート　　**4** 天然ガス

2　**1** 女の人も男の人も賛成している。

　　**2** 女の人は賛成だが、男の人は賛成しかねている。

　　**3** 女の人は賛成しかねているが、男の人は賛成だ。

　　**4** 女の人も男の人も賛成しかねている。

# 10 前衛書道

## できること

●古風な表現を使った論説文を読んで、その表現に込められた筆者の主張が理解できる。

Read an essay that uses old expressions and understand the arguments the author has incorporated into those expressions.

前衛書道という書道の分野がある。昭和30年代以降急速に発展し、現在では、現代芸術の一分野としての地位を確立している。

一般的に書道には、筆順を守る**べし**、二度書きをする**べからず**等、数多くの決まりがある。前衛書道家はこうした決まりに縛られずに、自由な表現を目指すものである。彼らは文字を書こうとさえ考えていない。**ただ**自分の心を表現すること**のみ**を目指す。文字として読めない**がゆえ**に、その筆の線が余白**と相まって**作り出す空間の美を純粋に鑑賞できるのである。

前衛書道で、よく語られるのが上田桑鳩（1899-1968年）の「愛」（1951年、第7回日本美術展覧会に出展）である。この作品が発表されたときの衝撃は想像**にかたくない**。**書としてあるまじき**ものと批判され**ずにはすまなかった**のも、よくわかる。上田桑鳩は「日本経済新聞」の題字を書いた高名な書家である。しかし、この作品を見ると、この文字が「品」**でなくてなんだろう**。失礼**極まりない**ことだが、これを「愛」と思う人などいるのだろうかという疑問**を禁じえない**。

人はその文字の持つ意味により、固定的なイメージを抱くものだ。卑近な例で恐縮だが、たとえ高名な書家が書いたものであっても、「公衆便所」と書かれた書が芸術と呼ぶ**にたる**作品かと聞かれれば、ほとんどの人が否と答えるであろうことは疑う**べくもない**。

だが、固定観念からの解放**なくして**芸術は生まれない。前衛書道は、書道とは異なる新たな芸術の分野なのである。

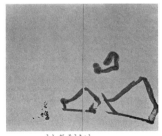

上田桑鳩「愛」

## 111 二度書(が)きをするべからず ★

### どう使う？

「～べからず」は「～してはいけない」と強く禁止することを表す。看板や掲示(けいじ)によく使われる。
"～べからず" strongly expresses a prohibition that "～してはいけない". It is often used on signs and notices.

**V-る** ＋ べからず

＊「～べからざる ＋ **N**」の形もある。

①ペンキ塗りたて。座るべからず。
②私有地(しゅうち)につき駐車するべからず。
③キャンパス内で、許可なくポスターを貼(は)るべからず。
④火気厳禁(かきげんきん)。ここでたばこを吸うべからず。
⑤飲酒運転(いんしゅ)は、許すべからざる行為(こうい)だ。

④

☞ p.184　～べき／べく／べからず

## 112 ただ自分の心を表現することのみ ★★

### どう使う？

「（ただ）～のみ」は「本当に～だけだ」と強く言いたいときに使われる。
"（ただ）～のみ" is used when you want to strongly say "there is really only ～ ."

（ただ）＋ ⎡ **V-る** ⎤ ＋ のみ
　　　　 ⎣ **N** ⎦

①聞こえてくるのはただ草原(そうげん)を渡る風の音のみだった。
②本番(ほんばん)まで、あと１週間。皆さん、今は何も考えずに、ただ練習に励(はげ)むのみです。
③やるべきことはすべてやったんでしょう。あとはただ結果を待つのみだね。
④Ａ：コーチ、強ければそれでいいんじゃないですか。
　Ｂ：強さのみが王者(おうじゃ)の条件ではない。お前はまだ何もわかっていない。

### やってみよう！

▶答え　別冊P. 7

１）制限時間内にゴールインしたのはただ１人のみで、（ａ．その１人　ｂ．他の人々）
　　は間に合わなかった。

２）パーティーの準備が（ａ．完了して　ｂ．始まって）、あとはただ首相の到着を待つ
　　のみだ。

３）孤独な彼の心を（ａ．知らない　ｂ．知っている）のは、愛犬のシロのみだった。

４）留学生活も、いよいよ（ａ．始まって１か月　ｂ．１か月を残す）のみとなりました。

☞ p.183　〜のみ

## 113　読めないがゆえに ★

### どう使う？

「〜がゆえ」は「〜ため／〜から」と同じように原因や理由を表す。
"〜がゆえ" expresses a cause or reason just like " 〜ため／〜から ".

PI ＋ がゆえ

［なA だである　N だである］

＊「なA な／ N （の）＋ ゆえ」の形も使われる。

＊「ゆえに」は「だから」という意味で、接続詞としても使われる。

①親は愛するがゆえに、子どもに厳しくすることもある。

②市場調査が不十分であったがゆえに、大きな損失を出してしまった。

③日本カワウソは毛皮が美しいがゆえに乱獲され、絶滅してしまった。

④若さゆえの過ちを、人はなかなか認めたがらないものだ。

⑤彼は国民の信頼を裏切った。それゆえに、権力の座を追わ

れることとなったのである。

③

⑥ a＝b、b＝c。ゆえに a＝c である。

## 114　筆の線が余白と相まって ★

### どう使う？

「〜と／が相まって」は「このスープは酸味と辛味が相まって、絶妙な味わいだ」のように「複数の要素が一緒になって、程度が高くなる」と言いたいときに使う。
Use "〜と／が相まって " when you want to say "multiple elements come together to make something more 〜" as in " このスープは酸味と辛味が相まって、絶妙な味わいだ ".

N ＋ ┌と相まって
　　　└が相まって

①主役の演技が巧みなストーリー展開と相まって人気を呼び、このドラマは視聴率トップを獲得した。

②この絵は、リアルな描写に幻想的な世界観が相まって、忘れがたい

　印象を与える。

③厳選された原料と富士山が育んだ水、冷たく澄んだ空気とが相まっ

　てこそ、我が社が誇るウイスキーができるのです。

④今回の全員合格という快挙は、学生たちの努力と教師の熱意が相まっ

　て、はじめて成し遂げられたものです。

111
〜
123

## 115　想像にかたくない ★

### どう使う？

「〜にかたくない」は「すぐに〜できる／十分〜できる」という意味を表す。
"〜にかたくない" is an expression that means "can do 〜 soon / can do 〜 adequately."

$$\boxed{\begin{array}{c} \text{N} \\ \text{V-る} \end{array}} + にかたくない$$

＊「想像・予想・推測・察する」などの言葉と一緒に使われる。

①突然の停電でエレベーターに閉じ込められた人の不安と恐怖は想像にかたくない。

②新しいタイプの芸術に対して、評価が分かれるのは推測にかたくない。

③副作用の可能性を考えれば、新薬の使用に慎重にならざるを得ないのは想像にかたく

　ない。

④リーダーたるもの、苦しい決断を迫られるであろうことは予想にかたくない。

⑤これらのコレクションを見れば、大原氏が美術品に造詣が深かったことは察するにか

　たくない。

## 116　書としてあるまじきもの ★

### どう使う？

「〜として／にあるまじき」は「賄賂は政治家にあるまじき行為だ」のように「〜という立場
（政治家）では、絶対に許されない」という強い気持ちを表す。
As in " 賄賂は政治家にあるまじき行為だ ", " 〜として／にあるまじき " expresses a strong feeling that "in the
position of 〜（政治家）, something is absolutely unforgiveable."

$$\text{N} + \boxed{\begin{array}{c} \text{としてあるまじき} \\ \text{にあるまじき} \end{array}} + \text{N}$$

＊「許すまじき」と言うこともある。

①真っ先に救命ボートに乗るとは船長としてあるまじき行為だ。

②初日から遅刻するとは新入社員にあるまじき態度だ。

③「想定外のことで対応できなかった」など、責任者にあるまじき発言ではないだろうか。

④お年寄りからお金をだまし取るなんて、人として許すまじきことだ。

## 117　批判されずにはすまなかった　★

### どう使う？

「〜ずにはすまない」は「現状や常識から考えて、〜という望ましくない事態になる」という予想や、「〜しなければならない事態だ」ということを表す。

"〜ずにはすまない" expresses a prediction that "when you consider the current situation or common sense, an undesirable situation, 〜 will occur" or "it is a situation in which 〜 must be done."

**V - ない** +  ずにはすまない
　　　　　　　 ないではすまない

＊「する」は「せずにはすまない」になる。

①会社の金を横領したのだから、彼は首にならずにはすまないはずだ。

②このまま森林伐採を続けていたら、自然災害を引き起こさずにはすまないだろう。

③欠陥品を売ったのだから消費者に非難されないではすまないでしょう。

④高齢者福祉の問題は私たち国民にとって知らないではすまない重要な問題です。

⑤事故を起こしてしまった以上、公の場で謝罪せずにはすまない。

☞ p.180　〜ずには　☞ p.181　〜ないでは／ないでも

## 118　この文字が「品」でなくてなんだろう　★

### どう使う？

「〜でなくてなんだろう」は「本当に〜である」と強く言いたい気持ちを表す。

"〜でなくてなんだろう" expresses the feeling you very much want to say that something "is truly 〜 ".

**N** +  でなくてなんだろう
　　　　 でなくてなんであろう

＊「〜でなくてなんだろうか」「〜でなくてなんであろうか」の形もある。

①親猫が、子猫のために大きな犬と戦った。これが愛情でなくてなんだろう。

②10階から転落した幼児が無事だったとは、これが奇跡でなくてなんだろう。

③戦火の中で出会った異国の女性と数年後にめぐり会うとは、これが運命でなくてなんであろう。

④たとえ弾圧されようとも、真実を報道する。それがジャーナリストの正義でなくてなんであろうか。

## 119　失礼極まりない ★★

111〜123

### どう使う？

「〜極まりない」は「危険極まりない」「残念極まりない」のように「非常に〜だ」と言いたいときに使われる。「〜極まる」も同じように使う。

"〜極まりない" is used when you want to say something "is extremely 〜" as in "危険極まりない" and "残念極まりない". "〜極まる" is also used in the same way.

なA　な　＋ ┌ 極まりない
　　　　　　└ 極まる

①離島の生活は不便極まりないと思っていたが、慣れれば気にならないものだ。

②店員の不誠実極まりない態度に納得がいかず、本社のサービスセンターにクレームのメールを送った。

③アルバイトとはいえ、面接中にメールを確認するとは非常識極まる。

④「人間とは何か」などという難解極まる問いかけに、一体何と答えればいいのだろう。

### やってみよう！

▶答え　別冊P.7

1）決勝戦は（　　　　　）極まる結果に終わった。

2）十分な装備もせずに冬山に登るなんて（　　　　　）極まりない。

3）犯人は自首したが、どこにも死体がない。（　　　　　）極まりない事件だ。

4）値段を上げれば儲かると思うのは（　　　　　）極まりない発想だ。

| 危険 | 不本意 | 単純 | 不可解 |
| --- | --- | --- | --- |

## ～の極み ★

「～の極み」は「非常に／最高に～」という意味を表す。

" ～の極み " is an expression that means "extremely / the most ～ ."

Ⓝ ＋ の ＋ 極み

＊「感激・贅沢・美・痛恨」などの言葉と一緒に使われる。

①京都の金閣寺は美の極みを尽くした建造物と言われ

ている。

②力及ばず、今回の選挙戦でこのような結果になりま

したことは、誠に痛恨の極みでございます。

③毎日、取れたての新鮮な野菜や魚で作った料理が食べられるなんて贅沢の極みだ。

## 120 疑問を禁じえない ★

### どう使う？

「～を禁じえない」は「自分の感情（～）を抑えられないくらいに強く感じる」ことを表す。

"～を禁じえない" expresses that "I feel so strongly that I can't suppress my emotions（～）."

Ⓝ ＋ を禁じえない

＊「怒り・悲しみ・同情・とまどい」など感情を表す名詞と一緒に使われる。

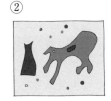

①災害で故郷を失った人々の姿に涙を禁じえなかった。

②子どもの落書きとしか思えないこの絵が１億円もするとは、驚き

を禁じえない。

③信頼して１票を投じた政治家の実行力のなさに失望と憤りを禁じえない。

④長年ご指導いただきました教授のご退官にあたり、一同、惜別の念を禁じえません。

## 121 芸術と呼ぶにたる作品 ★★

### どう使う？

「～にたる」は「～する条件や価値を十分満たしている」と言いたいときに使われる。

"～にたる" is used when you want to say that "the conditions for or value from doing ～ are adequately satisfactory."

$$\boxed{\begin{array}{c}\text{V-る}\\ \text{N}\end{array}} + \text{にたる} + \boxed{\text{N}}$$

①ホームドクターに、信頼にたる眼科(がんか)の専門医を紹介してもらった。

②今回の応募作(おうぼさく)には読むにたる作品がなかったというのが私の印象です。

③彼は優れた教育者とは言いがたいが、専門の研究にかけては尊敬にたる人物だ。

④ここは温泉も料理もすばらしく、部屋も落ち着いた雰囲気(ふんいき)で、推薦(すいせん)するにたる旅館だ。

⑤2,000人の中から選ばれた君たちは、我(わ)が社(しゃ)の将来を担(にな)うにたる素晴らしい人材(じんざい)だと信じている。

111
〜
123

## やってみよう！

▶答え 別冊P. 8

1）彼の有罪(ゆうざい)を _____ にたる物的証拠(ぶってきしょうこ)は発見されなかった。

2）虎(とら)こそ百獣(ひゃくじゅう)の王と _____ にたる動物だと私は思う。

3）今回の実験では、学会で _____ にたる成果(せいか)が出なかった。

4）私は彼をこのプロジェクトを _____ にたる能力の持ち主(ぬし)として、推薦(すいせん)します。

| 任(まか)せる　　証明(しょうめい)する　　呼ぶ　　発表する |
| --- |

## 122 疑うべくもない ★

### どう使う？

「〜べくもない」は「状況から考えて〜できない／〜はずがない」という気持ちを表す。

"〜べくもない" expresses the feeling that something "can't 〜 / is definitely not 〜 considering the situation."

### V-る ＋ べくもない

＊「疑う・比べる・望む・知る」などの言葉と一緒に使われる。

①アジアが世界経済の鍵(かぎ)であることは、疑うべくもない。

②これ以上の待遇(たいぐう)は望むべくもないのに、なぜ転職(てんしょく)など考えるのだろう。

③当時母がどんな気持ちだったのか、子どもの私には知るべくもないことだった。

☞ p.184　〜べき／べく／べからず

## 123 固定観念からの解放なくして ★★

### どう使う？

「〜なくして（は）…ない」は「何かをするなら、〜が絶対に必要だ」と言いたいときに使われる。
"〜なくして（は）…ない" is used when you want to say " 〜 is absolutely required if you are going to do something."

$$\left.\begin{array}{c} \boxed{\textbf{N}} \\ \boxed{\textbf{V-る}} + \textbf{こと} \end{array}\right] + \textbf{なくして（は）} + \textbf{…ない}$$

①「努力なくして成功なし」というが、運というものもあるのではないだろうか。
②この酒は良質の米と名水なくしては生まれなかった。
③他者を思いやることなくして、暮らしやすい社会は作れないはずだ。
④「耐えることなくして勝利はない」という彼の言葉が好きだ。

### やってみよう！

▶答え 別冊P. 8

1）著作権者の許可なくして　・　　　・a）手術は行えないことになっている。

2）家族の同意なくして　　　・　　　・b）大きい利益は望めない。

3）社長の承認なくして　　　・　　　・c）作品を勝手に変えることは法律で禁止されている。

4）リスクを負うことなくして・　　　・d）東京商事との業務提携プロジェクトを進めることはできない。

### ✚ Plus

## 〜ことなく／〜ことなしに ★

「 V-る ＋ ことなく／ことなしに」も同じ意味で使われる。

①今の選挙制度では、選挙運動をすることなく国会議員に当選するなどあり得ないと言われている。
②本人の同意を得ることなく、個人情報を第三者に伝えることはできない。
③責任を取ることなしに自由を求めることはできない。
④予算変更は議会の承認を得ることなしには行えない。

 p.179　〜こと

## Check 📖

▶答え　別冊P. 8

1）医者としての信念 _____ 、彼は助かる見込みのない我が子の治療より、助かる可能性のある患者の手術を優先した。

2）犯人の不幸な生い立ちを知ること _____ この事件の真相は理解できない。

3）生前のゴッホの芸術を理解し、認めていたのは弟のテオ _____ だった。

4）この歌はピアノの音色と少年の澄んだ歌声が _____ 、いつまでも聞いていたくなるほど心地いい曲だ。

111
〜
123

| のみ　　なくして　　ゆえに　　相まって |
| --- |

5）車を買ったとはいっても、社長の高級車とは比べる _____ 中古の軽自動車だ。

6）天文学は一生を捧げる _____ 学問だと私は考えています。

7）データを勝手に書き換えるとは、研究者 _____ 行為だ。

| にあるまじき　　べくもない　　にたる |
| --- |

8）建てたばかりの家が洪水で流されてしまったときの彼のショックは想像 _____ 。

9）会社のために今まで頑張ってきたのに、リストラなんて、裏切り _____ 。

10）せっかくの海外旅行で財布を盗まれたとは、同情を _____ 。

11）初対面の人に借金を申し込むなんて、非常識 _____ 。

12）危険につき、この橋渡る _____ 。

13）住宅密集地で火災が起こったら、大きな被害を出さ _____ 。

| 禁じえない　　ずにはすまない　　でなくてなんだろう<br>にかたくない　　極まりない　　べからず |
| --- |

▶答え　別冊P.14

**問題 1** 〈文法形式の判断〉

次の文の（　　　）に入れるのに最もよいものを、1・2・3・4から一つ選びなさい。

1 　法廷では個人的なことまで追及されずには（　　　）だろう。

　　**1** おかない　　**2** いられない　　**3** ない　　　　**4** すまない

2 　あいつ（　　　）いなければ、俺の人生はもっと違うものになったはずだ。

　　**1** さえ　　　　**2** こそ　　　　**3** のみ　　　　**4** なり

3 　デザインの分野では独創性を重んじる（　　　）、伝統を古臭いと否定する傾向がある。

　　**1** ともなく　　**2** がゆえに　　**3** どころか　　**4** おかげで

4 　二日酔いで欠勤するなんて、教師（　　　）ことだね。

　　**1** ならではの　　**2** なりの　　**3** にあるまじき　　**4** にかたくない

5 　皆様の温かい支援なくしては、この映画は（　　　）ことでしょう。

　　**1** 完成しなかった　　　　　　　　**2** 感動を与えた

　　**3** 高く評価される　　　　　　　　**4** 拍手が鳴りやまない

6 　バランスのとれた食事が健康の基本であることは、改めて説明する（　　　）だろう。

　　**1** べからざる　　**2** にすぎない　　**3** までもない　　**4** わけがない

7 　校長の退屈極まりないスピーチは30分も続き、（　　　）。

　　**1** 笑い疲れてしまった　　　　　　**2** 眠くて仕方がなかった

　　**3** 夢中になって聞いていた　　　　**4** 感動極まった

8 　素材の美しさに職人の技術（　　　）、すばらしい工芸品が生まれた。

　　**1** とはいうものの　　　　　　　　**2** が相まって

　　**3** にしたところで　　　　　　　　**4** にかたくなく

次の文の__★__に入る最もよいものを、1・2・3・4から一つ選びなさい。

**1** 評論家の中村氏（なかむらし）は、「観客の誰（だれ）もが名優（めいゆう）の ＿＿＿＿ ＿＿＿＿ __★__ ＿＿＿＿ はずだ」と称賛（しょうさん）した。

    **1**　を禁じえない　**2**　素晴（すば）らしい　**3**　演技に　**4**　感動

**2** ノーベル賞の受賞通知を ＿＿＿＿ ＿＿＿＿ __★__ ＿＿＿＿ にかたくない。

    **1**　感激（かんげき）は　**2**　彼の　**3**　受けた　**4**　想像

**3** 限られた予算でできることはし尽（つ）くしたが、すべての ＿＿＿＿ ＿＿＿＿ __★__ ＿＿＿＿ できなかった。

    **1**　にたる　**2**　顧客（こきゃく）を　**3**　サービスは　**4**　満足させる

次の文章を読んで、後の問いに対する答えとして最もよいものを、1・2・3・4から一つ選びなさい。

> 「嘘（うそ）をつくべからず」。これは当然のこととされている。嘘（うそ）をついたことがわかれば社会的な信頼を失うことになる。嘘（うそ）は人としてあるまじき行為（こうい）だと言う人もいる。しかし、矛盾（むじゅん）するようだが、「これまで生きてきた中で一度も嘘をついたことがない」と言う人は信頼するにたる人物だろうか。
>
> さまざまな立場の人間がいて、その利害や思惑（おもわく）が絡（から）まり合う社会において、全く嘘（うそ）をつくことなしに円満（えんまん）な人間関係は築（きず）けないのではないか。誰（だれ）かの立場を思うがゆえに、嘘（うそ）をつかずにすまない状況もあるはずだ。それでも真実（しんじつ）を包（つつ）み隠（かく）さず伝える人物がいるとすれば、それは思いやりの気持ちを持たない冷たい人間か、その結果起こる事態（じたい）を予想できない愚（おろ）か者（もの）ではないだろうか。

<u>1</u> 真実を包み隠さず伝える人物に対して、筆者はどのように考えているか。

**1** 配慮に欠ける人　　　　　　**2** 矛盾を抱えた人

**3** 信頼にたる人　　　　　　　**4** 円満極まる人


<u>2</u> 筆者が最も言いたいことは何か。

**1** 円満な人間関係のためには、嘘をつくべきではない。

**2** 自分の利害や思惑を優先する人こそ信頼すべきである。

**3** 相手への思いやりから嘘をつく人を批判すべきではない。

**4** 嘘をつく人間は愚か者と呼ばれるべきである。


**問題4** 〈聴解〉

この問題では、問題用紙に何も印刷されていません。この問題は、全体としてどんな内容かを聞く問題です。話の前に質問はありません。まず話を聞いてください。それから、質問と選択肢を聞いて、1から4の中から、最もよいものを一つ選んでください。

**1**　　**2**　　**3**　　**4**
CD 41

# 付録 Appendix

# 似ている文型リスト〈N1レベル〉　Similar Sentence Pattern List〈Level N1〉

| 文型 | | 例文 | レベル | 番号 | ページ |
|---|---|---|---|---|---|
| ～かねない／かねる | Vかねない | 今のような経営方法では、2、3年のうちに倒産しかねない。 | N2 | | |
| | Vかねる | 社長が出した方針は部分的に賛成しかねる内容を含んでいたが、反対するわけにもいかず、黙っていた。 | N1 | 105 | p.145 |
| ～から | ～からこそ | 大変なときだからこそ、協力することが大切なんです。 | N3 | | |
| | ～からといって | A：あんなにがんばって練習したんだから、今度の大会は絶対優勝ですね。<br>B：練習したからといって、簡単には優勝できませんよ。 | N3 | | |
| | Vてからでなければ | この会社では、3か月の研修を受けてからでなければ正社員になれません。 | N3 | | |
| | Vからには | 日本での就職を希望するからには、しっかり企業研究をしておいたほうがいい。 | N2 | | |
| | ～から見て | 便利さという点から見ると、やはり田舎より都会のほうが暮らしやすい。 | N2 | | |
| | Nからして | 有名デパートの店員は、言葉遣いからして丁寧だ。 | N1 | 6 | p.21 |
| | ～からあるN | 小さな子どもが、10kgからある旅行かばんを一生懸命運ぼうとしている。 | N1 | 107 | p.153 |
| | ～からいるN | 災害時、3,000人からいる観客を、安全に退出させるには人手が足りない。 | N1 | 107 | p.153 |
| | ～からするN | 2,000万円からする宝石が何者かに盗まれて、大騒ぎになっている。 | N1 | 107 | p.153 |
| | ～からのN | 伊藤氏は、個人で1億円からの寄付を申し出た。 | N1 | 107 | p.153 |
| ～こと | Vことがある | この地方は4月でも雪が降ることがある。 | N3 | | |
| | Aことといったら | 花見客の多いことといったら、ゆっくり桜も見られないほどでしたよ。 | N3 | | |
| | Nのことだから | 鈴木選手のことだから、本番ではさらにすばらしい演技を見せてくれることでしょう。 | N3 | | |
| | ～こと。 | 願書は1月28日必着のこと。窓口での受け付けは行っておりません。 | N2 | | |
| | ～ことか | 人は私のことを頭がいいと言うけど、この試験に合格するために、どれだけ勉強したことか。私の努力は誰も知らないでしょうね。 | N2 | | |

| | | | | | |
|---|---|---|---|---|---|
| ～こと | ～ことから | このサツマイモは中が赤いことから、紅イモと呼ばれています。 | N2 | | |
| | ～ということだ | ニュースでは、今回の地震による津波の心配はないということです。 | N3 | | |
| | Ｖことだ | 仕事でも何でも自分一人で悩まないで、誰かに相談することですよ。 | N2 | | |
| | Ｖことにする | 私が日本にいる間に、家族がドイツへ旅行に行ったなんて、聞かなかったことにしたいなあ。 | N2 | | |
| | ～ことに | ホテルの部屋に入ったら、驚いたことに、バラの花束とホテルマネージャーからの歓迎メッセージがテーブルの上に置いてあった。 | N2 | | |
| | Ｖことなく | リンさんは朝から晩まで休むことなく、働き続けた。 | N2 | | |
| | Ｖことなく…ない | 今の選挙制度では、選挙運動をすることなく国会議員に当選するなどあり得ないと言われている。 | N1 | 123 | p.168 |
| | Ｖことなしに…ない | 責任を取ることなしに自由を求めることはできない。 | N1 | 123 | p.168 |
| | ～ないことには | Ａ：ここに若干名募集って書いてあるけど、何人ぐらい採用するのかなあ。<br>Ｂ：問い合わせてみないことには、詳しいことはわからないよ。 | N2 | | |
| | Ｖことはない | 君が謝ることはないよ。悪いのは向こうなんだから。 | N2 | | |
| | ～ないことはない | Ａ：お酒、お好きですか。<br>Ｂ：そんなに好きではありませんが、飲めないことはありません。 | N2 | | |
| | ～こととて | 何分にも田舎のこととて山菜料理しかありませんが、どうぞゆっくりしていってください。 | N1 | 68 | p.100 |
| ～次第 | ～次第① | ただ今、全線で運転を見合わせておりますが、情報が入り次第、お伝えいたします。 | N2 | | |
| | Ｎ次第② | 登山ルートは天候次第で変更する場合もありますので、ご了承ください。 | N2 | | |
| | ～次第だ | 今回の仕事は当社の技術力では難しいと思い、お断りした次第です。 | N1 | 12 | p.31 |
| ～ずには | Ｖずにはいられない | Ａ：蚊に刺されたところ、かいちゃだめだよ。<br>Ｂ：そう言われても、かゆくてかかずにはいられないんだよ。 | N3 | | |

| | | | | | |
|---|---|---|---|---|---|
| ～ずには | Ｖずにはおかない① | 「今度こそ犯人を捕まえずにはおかないぞ」と警部は心に誓った。 | N1 | 32 | p.52 |
| | Ｖずにはおかない② | 盲目のピアニストが奏でる美しい調べは、聴衆の心を震わせずにはおかなかった。 | N1 | 32 | p.52 |
| | Ｖずにはすまない | 会社の金を横領したのだから、彼は首にならずにはすまないはずだ。 | N1 | 117 | p.164 |
| ～たら | ～たら | 屋上に上がったら、東京スカイツリーが見えた。 | N3 | | |
| | ～たら～たで | 部屋にほこりがたまれば文句を言うし、掃除をしたらしたで、「勝手に入った」と怒るし、全く高校生の息子は扱いにくい。 | N1 | 55 | p.83 |
| | Ａことといったら | 花見客の多いことといったら、ゆっくり桜も見られないほどでしたよ。 | N3 | | |
| | Ｎったら | うちの犬ったら、私が浴衣着てたら、よその人と間違えてほえたのよ。 | N2 | | |
| | ～といったらない | 今年の夏は暑いといったらない。早く秋になってほしいよ。 | N1 | 83 | p.121 |
| ～てから | Ｖてからでなければ | この会社では、３か月の研修を受けてからでなければ正社員になれません。 | N3 | | |
| | Ｖてからというもの | 結婚してからというもの、彼は仕事が終わるとまっすぐ家に帰るようになった。 | N1 | 91 | p.132 |
| ～といい／といわず | Ｎ₁といい Ｎ₂といい | 濃厚なスープといい、麺のほどよい硬さといい、さすが日本一のラーメンだね。 | N1 | 44 | p.68 |
| | Ｎ₁といわず Ｎ₂といわず | 昼といわず、夜といわず、大型のダンプカーが通るのでうちが揺れて困る。 | N1 | 54 | p.83 |
| ～といえ／とはいえ | Ｎといえば | 外国人に人気のある観光地といえば、やはり京都でしょうか。 | N3 | | |
| | ～といえども | 零細企業といえども、我が社は大企業に負けない技術を持っていると自負している。 | N1 | 8 | p.27 |
| | ～とはいえ | 親子とはいえ、触れてはならないプライバシーというものがある。 | N1 | 61 | p.90 |
| ～といった | Ｎといった | くるみやアーモンドといったナッツ類を毎日食べると、記憶力がよくなるそうです。 | N2 | | |
| | ～といったところだ① | 人気役者の浮世絵は、今日でいえばアイドル写真といったところだ。 | N1 | 45 | p.68 |
| | ～といったところだ② | 時給が上がるといっても期待しないほうがいいよ。せいぜい50円といったところだよ。 | N1 | 62 | p.91 |

| | | | | | |
|---|---|---|---|---|---|
| ～といった | Nといったら | 冬のスポーツといったら、やっぱりスキーだよね。 | N3 | | |
| | ～といったらない | 今年の夏は暑いといったらない。早く秋になってほしいよ。 | N1 | 83 | p.121 |
| ～と思う | ～かと思う | 今週はちょっと難しいですが、来週なら時間が取れるかと思います。 | N3 | | |
| | ～かと思った | A：あの人、新しく来た課長さんよ。<br>B：え、本当!?　若そうだから、新入社員かと思ったよ。 | N3 | | |
| | Vかと思うと | 青空を飛んでいた鳥は突然海に潜ったかと思うと、魚を口にくわえて出てきた。 | N2 | | |
| | ～かと思いきや | なかなか連絡が来ないので落ちたかと思いきや、今日になって合格通知が届いた。 | N1 | 99 | p.141 |
| | Vばと思う | こちらの事情をご理解いただければと思います。 | N2 | | |
| ～ところ | ～ところ | あくびしたところを写真に撮られたって、佐藤さん、怒ってたよ。 | N3 | | |
| | ～ところだった | 今朝は30分も寝坊しちゃって、遅刻するところだったよ。 | N2 | | |
| | ～ところ（を） | お暑いところ申し訳ございませんが、節電のためエアコンの温度は28度に設定させていただいております。 | N1 | 65 | p.98 |
| | Vたところで | 今から急いだところで、間に合うわけがないよ。 | N1 | 77 | p.112 |
| | ～といったところだ① | 人気役者の浮世絵は、今日でいえばアイドル写真といったところだ。 | N1 | 45 | p.68 |
| | ～といったところだ② | 時給が上がるといっても期待しないほうがいいよ。せいぜい50円といったところだよ。 | N1 | 62 | p.91 |
| | ～どころじゃない | A：学校が終わったらカラオケ行かない？<br>B：カラオケどころじゃないよ！　レポート、書かなきゃ。明日締め切りなんだ。 | N2 | | |
| | ～どころか | 高校を卒業した頃、海外旅行どころか国内旅行もしたことがなかった。 | N2 | | |
| ～ないでは／ないでも | Vないではいられない | 彼女は毎日ケーキを食べないではいられないらしい。 | N3 | | |
| | Vないではおかない | 彼の過失となれば、会社は損害賠償を請求しないではおかないだろう。 | N1 | 32 | p.52 |
| | Vないではすまない | 欠陥品を売ったのだから消費者に非難されないではすまないでしょう。 | N1 | 117 | p.164 |

| ～ないでは／ないでも | Vないでもない | 彼が犯人だという証拠はないでもないが、まだ断定はできない。 | N1 | 19 | p.41 |
|---|---|---|---|---|---|
| ～ながら | ～ながら（も） | 彼とは同じ寮に住んでいながら、ほとんど話をしたことがなかった。 | N2 | | |
| | ～ながら（に） | 仏陀は生まれながらに非凡な才能を発揮したそうである。 | N1 | 92 | p.133 |
| ～なら | ～なら、… | 台湾へ旅行に行くなら、11月が一番いいと思いますよ。 | N3 | | |
| | ～なら～で | A：課長、今月いっぱいで会社を辞めさせていただきたいんですが……。<br>B：会社を辞めるなら辞めるで、今の仕事をちゃんと片付けてからにしてくれ。 | N1 | 80 | p.115 |
| | ～ならまだしも | スニーカーならまだしも、サンダルやハイヒールで登山なんて無茶だ。 | N1 | 50 | p.77 |
| | ～ならいざしらず | 加藤さんのように英語が上手ならいざしらず、僕に会議の通訳なんて無理ですよ。 | N1 | 58 | p.86 |
| ～に至る／の至り | Nに至るまで | 家を買うなら、床下から屋根に至るまで専門家に細かくチェックしてもらったほうがいいですよ。 | N1 | 5 | p.20 |
| | ～に至る | 彼は長年にわたって、サルからヒトに至るまでの進化の過程を研究している。 | N1 | 5 | p.20 |
| | Nに至っては | 今年の国民生活時間調査によると、新聞を読んでいる40代の男性は41％、30代は23％、20代に至っては13％だった。 | N1 | 7 | p.27 |
| | Nの至り | このような権威ある賞をいただきまして、誠に光栄の至りでございます。 | N1 | 66 | p.99 |
| ～に限る／限り | Nに限り | 本日に限り、通常価格100グラム1,500円の牛肉を半額でご提供いたしております。 | N2 | | |
| | Nに限って～ない | うちの子に限って、万引きなんてするはずがありません。 | N2 | | |
| | V限り | 高齢者でも、働ける限りは働きたいと思っている人が多い。 | N2 | | |
| | Nに限らず | 環境対策のためにも、夏に限らず、年間を通して節電を心がけるべきだ。 | N2 | | |
| | Nに限って | よく知らないやつに限って、偉そうなことを言う。 | N2 | | |
| | ～に限る | 運動の後は、はちみつとレモンのジュースに限る。 | N2 | | |

| | | | | | |
|---|---|---|---|---|---|
| ～に限る／限り | 限りだ | 努力の甲斐あって、日本の看護師の国家試験に受かって、うれしい限りです。 | N1 | 71 | p.102 |
| | N限りで | 山田選手、「今シーズン限りで引退」と、突然の発表。 | N1 | 106 | p.146 |
| | Nを限りに | 「今日を限りにギャンブルはやめる」と、彼は今年だけでも3回は言った。 | N1 | 106 | p.146 |
| ～にして／にしろ／にした | Nにして① | 砂に描いた絵は、強風により、一瞬にして消え去った。 | N1 | 102 | p.143 |
| | ～にして② | 彼は大学の教授にして、有名な作家でもある。 | N1 | 23 | p.44 |
| | Nにしては | 今人気のエリナはモデルにしては背が高いほうではない。 | N2 | | |
| | Nにしてみれば | 私のような考え方は若い人にしてみれば、古いと思われるでしょう。 | N1 | 81 | p.118 |
| | Nにしても | 人員削減は会社側にしてもメリットばかりとは言えまい。 | N1 | 81 | p.117 |
| | ～にしても～にしても | 大学院で研究しようと思ったら、理系にしても文系にしても、英語力は絶対必要だよ。 | N2 | | |
| | ～にしろ～にしろ | 東京にしろ大阪にしろ大都市には働く場所が多いので人が集まってくる。 | N2 | | |
| | Nにしたところで | 温厚な田中さんにしたところで、1時間も待たされたら、怒り出すに違いない。 | N1 | 86 | p.123 |
| | Nにしたら | どんな判決が出ても、被害者にしたら、納得できるものではないだろう。 | N1 | 81 | p.117 |
| ～にたえない | Nにたえない① | 長年にわたり弊社の発展にご尽力を賜り、感謝にたえません。 | N1 | 69 | p.101 |
| | ～にたえない② | 言い訳ばかりしている政治家の話は聞くにたえない。 | N1 | 56 | p.84 |
| ～のみ | ～のみ | お薬のみご希望の方は、こちらの箱に診察券をお入れください。 | N2 | | |
| | ～のみならず | 現在、日本のコンビニは若者のみならず、あらゆる世代の人々に様々な目的で利用されている。 | N2 | | |
| | （ただ）～のみ | 聞こえてくるのはただ草原を渡る風の音のみだった。 | N1 | 112 | p.161 |
| ～ばかり | Vたばかり | 父は昨日退院したばかりなのに、今日から会社に出ている。 | N3 | | |
| | ～ばかり | 最近雨ばかりで、洗濯物が乾かなくて困っています。 | N3 | | |
| | ～ばかり | 円高が進んで、景気が悪くなるばかりだ。 | N2 | | |
| | ～ばかりか | 今日は電車で足を踏まれたばかりか、かばんに入れておいたサンドイッチもつぶされてしまった。 | N3 | | |

| | | | | |
|---|---|---|---|---|
| ~ばかり | ~ばかりでなく …も | 落語は最近、お年寄りばかりでなく若い女性にも人気が出てきた。 | N3 | | |
| | ~ばかりに | 本当のことを言ったばかりに、彼を怒らせてしまった。 | N2 | | |
| | ~んばかり | たくさんの花をつけた山百合が、風に吹かれて折れんばかりに揺れている。 | N1 | 73 | p.109 |
| | ~とばかりに | 中田選手はチャンスに監督から呼ばれ、待ってましたとばかりに立ち上がった。 | N1 | 73 | p.110 |
| ~べき／ べく／ べからず | Vべき | 人にお金を借りたらすぐに返すべきだ。 | N3 | | |
| | Vべく | 留学経験を生かして、独自のビジネスを立ち上げるべく、準備を進めている。 | N1 | 90 | p.131 |
| | Vべくして Vた | この車は燃費も良く、洗練されたデザインで、売れるべくして売れたと言える。 | N1 | 52 | p.79 |
| | Vべくもない | アジアが世界経済の鍵であることは、疑うべくもない。 | N1 | 122 | p.167 |
| | Vべからず | ペンキ塗りたて。座るべからず。 | N1 | 111 | p.161 |
| ~ほか | ~ほか（は） ない | 天候不順で、山頂まで行くのはあきらめるほかない。 | N3 | | |
| | Nをおいて他にない | 地球の生態系を保全し、環境を守ることができるのは、人類をおいて他にない。 | N1 | 40 | p.62 |
| ~まい | Vまい | 世界経済は状況から見て、すぐに好転することはあるまい。我が社も早急に対策を考えなければならない。 | N2 | | |
| | VかVまいか | 彼は夏休みに国へ帰ろうか帰るまいかと悩んでいるらしい。 | N2 | | |
| | Vようが Vまいが | 役に立とうが立つまいが、疑問に思うことを解明しようとするのが人間というものだ。 | N1 | 79 | p.114 |
| | Vようと Vまいと | お客が来ようと来るまいと、部屋はいつも片付けておけ。 | N1 | 79 | p.114 |
| ~まで | Vまでのことだ | 地下鉄が止まっていたら、バスで行くまでのことだ。心配はいらないよ。 | N1 | 82 | p.118 |
| | Vたらそれまでだ | 仕事を頑張るのもいいが、無理して病気になったらそれまでだ。 | N1 | 74 | p.110 |
| | Vまでもなく | 遠方に足を運ぶまでもなく、ネットを通じて地方の特産品が手に入る時代になった。 | N1 | 41 | p.65 |
| | Vないまでも | 時給1,000円はもらえないまでも、850円はもらいたい。 | N1 | 43 | p.67 |

| | | | | | |
|---|---|---|---|---|---|
| ~もの／もん | ～もので | 慣れないものですから、ご迷惑をおかけするかもしれませんが、どうぞよろしくお願いします。 | N3 | | |
| | Vものだ① | Ａ：うちの息子は最近口答えばかりして、ちっとも言うことを聞かないんですよ。<br>Ｂ：子どもは親に反抗するものですから、それも成長のひとつですよ。 | N2 | | |
| | ～ものだ② | 昔はよく友達と近くの川で泳いだものだ。 | N2 | | |
| | ～ものではない | 楽をしてお金をもうけようなんて考えるもんじゃない。 | N2 | | |
| | ～というものだ | Ａ：先生、山下君のせいで私たちのグループだけ、作品が完成していないんです。<br>Ｂ：困ったときに助け合うのが友達というものだろ。手伝ってあげなさい。 | N2 | | |
| | ～というものではない | 勉強は今日やれば明日やらなくていいというものではない。 | N2 | | |
| | ～ものがある | Ａ：タンさんって才能あるよね。<br>Ｂ：私もそう思う。彼の絵にはすばらしいものがあるよね。 | N2 | | |
| | ～ものの | 水泳教室に通ってはいるものの、いまだに25メートルしか泳げない。 | N2 | | |
| | Vものなら | 子どものころから星が好きだったので、行けるものなら宇宙旅行に行ってみたいと思っています。 | N2 | | |
| | Vないものか | 花粉症の季節がやってきた。この目のかゆみと止まらない鼻水を何とかできないものか。 | N1 | 59 | p.86 |
| | Vないものでもない | 君がそんなに頼むんだったら、今回だけ特別に認めないものでもないんだけどね。 | N1 | 19 | p.41 |
| | Vようものなら | 近頃のアルバイトはちょっと注意しようものなら、すぐ「じゃ、辞めます」と言いかねない。 | N1 | 57 | p.85 |
| | Vてからというもの | 結婚してからというもの、彼は仕事が終わるとまっすぐ家に帰るようになった。 | N1 | 91 | p.132 |
| | Nというもの | この１週間というもの、カップラーメン以外のものを口にしていない。 | N1 | 91 | p.133 |
| | ～ものを | 早く来れば空いていたものを、この様子じゃチケットを買うだけで１時間はかかりそうだ。 | N1 | 75 | p.111 |
| | ～ものか | こんなサービスの悪い店には二度と来るもんか。 | N2 | | |

| ～もの／もん | ～もん | A：そんなにたくさんお土産買うの？<br>B：だって、この人形もこのお菓子も日本じゃなきゃ、買えないんだもん。 | N2 | | |
|---|---|---|---|---|---|
| ～よう | ～ようだ | あのえんぴつのような形をしている建物は、電話会社のビルです。 | N3 | | |
| | ～ような | インフルエンザのようなほかの人にうつる病気になったら、治るまで学校へ来てはいけないことになっています。 | N3 | | |
| | Vかのようだ | リンさんの部屋はまるで泥棒が入ったかのように散らかっている。 | N3 | | |
| | ～ようなら | A：すみません。仕事がまだ終わらなくて、ちょっと遅くなりそうなんです。<br>B：そうですか。じゃあ、6時過ぎるようなら先に行ってますね。 | N3 | | |
| | Vようでは | おしゃれに全然気を使わないようじゃ、社会人としてまずいんじゃない？ | N2 | | |
| | Vようがない | 出張の予定だったが、大雪で飛行機が欠航してしまったので行きようがない。 | N2 | | |
| | Vようが | どんなにひどいけがをしようが、アイスホッケーはやめられない。 | N1 | 78 | p.113 |
| | Vようと | お前がどこへ行こうと、俺の知ったことか。勝手にしろ！ | N1 | 78 | p.113 |
| | Vようが<br>Vまいが | 役に立とうが立つまいが、疑問に思うことを解明しようとするのが人間というものだ。 | N1 | 79 | p.114 |
| | Vようと<br>Vまいと | お客が来ようと来るまいと、部屋はいつも片付けておけ。 | N1 | 79 | p.114 |
| | Vようものなら | 近頃のアルバイトはちょっと注意しようものなら、すぐ「じゃ、辞めます」と言いかねない。 | N1 | 57 | p.85 |
| ～ように | Vように言う | お母さんからも勉強するように言ってください。 | N3 | | |
| | Vようになっている | ほこりが鼻に入るとくしゃみが出て、自然にそれを外へ出すようになっています。 | N2 | | |
| | Vようにも<br>Vない | スピーチ大会での大失敗は、忘れようにも忘れられない。 | N1 | 84 | p.122 |
| | Vようによって（は） | その企画、取り上げようによっては、面白い番組が作れるんじゃないの？ | N1 | 110 | p.155 |

| ～をもって | Nをもって① | 当選者の発表は賞品の発送をもってかえさせていただきます。 | N1 | 13 | p.31 |
|---|---|---|---|---|---|
| | Nをもって② | 当店は本日をもって閉店いたします。長らくのご愛顧、誠にありがとうございました。 | N1 | 67 | p.100 |

# N1 「できること」リスト　N1 Can Do List

| 章 | 章のタイトル | できること | 文法項目 |
|---|---|---|---|
| 1 | ニュースを読む<br>オクトーバーフェスト | ●イベントなどに関する記事を読んで、その特色や様子が理解できる。<br>Read articles about events and the like, and understand its characteristics and the situation. | 1　「噂開け」を皮切りに<br>2　ビールの本場とあって<br>3　バイエルン地方ならではのダンス<br>4　例年にもまして<br>5　小さな子どもに至るまで<br>6　雰囲気からして |
| 2 | スピーチを聞く<br>産業医を増やそう | ●公的な立場の人のスピーチを聞いて、現状の説明と提言が理解できる。<br>Listen to a speech by a person with social standing and understand an explanation of the current situation and proposals. | 7　さいわい市に至っては<br>8　中小企業といえども<br>9　休職を余儀なくされる<br>10　一刻たりとも<br>11　おろそかになるきらいがあります<br>12　ご提案をさせていただく次第です<br>13　ご指導をもって<br>14　笑顔あってのさいわい市<br>15　願ってやみません |
| 3 | 昔話を読む<br>飯食わぬ女房 | ●昔話の表現を楽しみながら、物語の展開を追って読める。<br>Follow the plot of a story while enjoying expressions in a folk tale.<br>●昔話の表現を楽しみながら、登場する人物の行動や出来事の経緯などが理解できる。<br>Understand the actions of characters, details about events and the like while enjoying expressions in a folk tale. | 16　ほこりまみれ<br>17　友達の心配をよそに<br>18　俺なりに<br>19　もらわないでもない<br>20　言うしまつって<br>21　掃除なり洗濯なり<br>22　結構ずくめな話<br>23　働き者にして美人<br>24　食べ物はおろか一滴の<br>25　水すら口にしなかった<br>26　お祝いかたがた<br>27　何も食べない人間がいるとは<br>28　家を出るなり<br>29　酒は飲むわ、ごろごろするわ<br>30　米が炊けるが早いか<br>31　作るそばから<br>32　食わずにはおかない<br>33　捕まったが最後<br>34　食ってやる |

| | | | |
|---|---|---|---|
| 4 | 実用書を読む | ●実用書などを読んで、筆者の考察が理解できる。<br>Read a how-to-book and the like and understand the author's thoughts. | 35 社会人ともなると<br>36 気楽な学生時代にひきかえ<br>37 待遇の問題もさることながら<br>38 上司との関係であれ、同僚や後輩との関係であれ<br>39 現状に即した対応<br>40 今をおいて他にありません |
| | 上司との付き合い方 | ●実用書などを読んで、筆者の考察が理解できる。<br>Read a how-to-book and the like and understand the author's thoughts. | 41 言うまでもなく<br>42 上司との関係いかん<br>43 好きとは言えないまでも<br>44 面倒見のよさといい、仕事ぶりといい<br>45 ギブ・アンド・テイクといったところ |
| 5 | ドラマのシナリオを読む | ●ドラマのシナリオを読んで、登場人物の批判的な心情が理解できる。<br>Read a scenario in a drama and understand the critical emotions of characters. | 46 間が抜けているといおうが、無責任といおうか<br>47 誰も見ていないのをいいことに<br>48 誰が納得するんですか<br>49 自覚がないにもほどがあります<br>50 厳しい監視をくぐり抜けてやられたなら まだしも<br>51 警備以前の問題<br>52 起こるべくして起こった事件<br>53 業種が業種なだけに |
| | 転職 | ●ドラマのシナリオを読んで、登場人物の複雑な心情が理解できる。<br>Read a scenario in a drama and understand the complex emotions of characters. | 54 早朝といわず、深夜といわず<br>55 電話に出たら出たで<br>56 聞くにたえない<br>57 一歩でも外に出ようものなら<br>58 一般の人間ならいざしらず<br>59 働かせられないものか<br>60 それに越したことはない |
| | | ●ドラマのシナリオを読んで、状況や登場人物の心情が理解できる。<br>Read a scenario in a drama and understand the situation and emotions of characters. | 61 ロボットとはいえ<br>62 せいぜいあと半年といったところだ<br>63 辞めるに辞められない<br>64 注文にかこつけて |

| | | | |
|---|---|---|---|
| 6 | スピーチをする<br>研修を終えて | ●送別会などで、関係者に対し、お礼や抱負を含む改まったスピーチができる。<br>Give a formal speech that includes thanks or aspirations to other people at a farewell party or other such event. | 65 お忙しいところを<br>66 感激の至り<br>67 本日3月31日をもって<br>68 慣れないこととて<br>69 感謝の念にたえません<br>70 社員たる者<br>71 うれしい限りです |
| 7 | 社内で話す<br>さすが本田君 | ●仕事上の話題について、批判的な意見を交えて社内で話ができる。<br>Exchange critical opinions with coworkers about work-related subjects.<br><br>●仕事の結果について、振り返りながら社内で話ができる。<br>Talk with coworkers about the results of work as you look back on them. | 72 子どものお遣いじゃあるまいし<br>73 言わんばかり<br>74 先を越されたらそれまでだ<br>75 絶好のチャンスだったものを<br>76 あちらの担当者ときたら<br>77 説明したところで<br>78 相手が何を言おうが<br>79 赤字になろうがなるまいが<br>80 安くしてほしいならほしいって<br>81 相手にすれば<br>82 あきらめるまでのことだ<br>83 悔しいといったらない<br>84 契約を取ろうにも取れない<br>85 配りまくってみる<br>86 カプチャック社にしたところで<br>87 契約を取ってみせます |
| 8 | 小説を読む<br>楽園の萌花 | ●ファンタジー小説を読んで、やや古風な表現を味わいながら、登場人物やその関係を理解することができる。<br>Read a fantasy novel and understand the relationships between characters while coming across somewhat old expressions. | 88 行くつう戻りつ<br>89 見るともなく<br>90 町を異界のものたちから守るべく<br>91 物心ついてからというもの<br>92 生まれながらに<br>93 当たり前のことをしてきたまでのことである<br>94 厳しい修行をものともせず<br>95 高校に通うかたわら |

| | | |
|---|---|---|
| 8 | 小説を読む<br>楽園の萌花 | ●ファンタジー小説を読んで、やや古風な表現を味わいながら、出来事の経緯を追って登場人物の心情が理解できる。<br>Read a fantasy novel, follow events and understand the emotions of the characters, all while coming across somewhat old expressions. | 96 謎めいた言葉<br>97 小鬼が現れるや否や<br>98 小鬼ごとき<br>99 慌てて逃げ出すかと思いきや<br>100 楽園を創らんがため<br>101 薄紙のごとく<br>102 一瞬にして<br>103 考えるだに恐ろしい<br>104 想像だにしなかった<br>105 決めかねている<br>106 今日を限りに |
| 9 | 講演を聞く<br>トリアージ | ●やや専門的な説明を聞いて、その内容や発話者の意見が理解できる。<br>Listen to a somewhat technical explanation and understand its content and the speaker's opinion. | 107 100人からいるけが人<br>108 師にかかわる<br>109 緊急時にあって<br>110 見るようにあっては |
| 10 | 論説文を読む<br>前衛書道 | ●古風な表現を使った論説文を読んで、その表現に込められた筆者の主張が理解できる。<br>Read an essay that uses old expressions and understand the arguments the author has incorporated into those expressions. | 111 二度書きをするべからず<br>112 ただ自分の心を表現することのみ<br>113 読めないがゆえに<br>114 筆の線が余白と相まって<br>115 想像にかたくない<br>116 書としてあるまじきもの<br>117 批判されずにはすまなかった<br>118 この文字が「品」でなくてなんだろう<br>119 失礼極まりない<br>120 疑問を禁じえない<br>121 芸術と呼ぶにたる作品<br>122 疑うべくもない<br>123 固定観念からの解放なくして |

〈著者紹介〉

**ＡＢＫ（公益財団法人 アジア学生文化協会）**

　ＡＢＫは、1957年に作られ、日本語学校と留学生寮を運営している組織です。日本とアジア諸国の青年学生が共同生活を通じて、人間的和合と学術、文化および経済の交流をはかることにより、アジアの親善と世界の平和に貢献することを目的としています。学校では大学、大学院、専門学校への進学、就職などの学生のニーズに合わせて、日本語能力試験、日本留学試験の対策とともに、運用力をつける工夫をしながら、日本語教育を行っています。執筆者は全員ＡＢＫで日本語教育に携わっている講師です。姉妹団体に学校法人ＡＢＫ学館日本語学校（ABK COLLEGE）もあります。

監　修：町田恵子
執筆者：大野純子・新井直子・亀山稔史・星野陽子・森川尚子
協力者：内田奈実・遠藤千鶴・掛谷知子・勝尾秀和・國府卓二・新穂由美子・津村知美・成川しのぶ・
　　　　萩本攝子・橋本由子・服部まさ江・福田真紀・藤田百子・町田聡美・向井あけみ・森下明子・
　　　　吉田菜穂子

**TRY！日本語能力試験N1　文法から伸ばす日本語**
**[改訂版]**

2013年 5月31日　初版　　第1刷発行
2014年 4月30日　改訂版　第1刷発行
2022年 4月 5日　改訂版　第11刷発行

翻　　　訳　株式会社ラテックス・インターナショナル
イラスト・DTP　朝日メディアインターナショナル株式会社
8章のイラスト　任　賢九（イム　ヒョング）
カバーデザイン　岡崎裕樹（アスク出版）
ナレーション　沢田澄代　出先拓也
録音・編集　スタジオ グラッド

発　行　人　天谷修身
発　　　行　株式会社 アスク出版
　　　　　　〒162-8558 東京都新宿区下宮比町2-6
　　　　　　TEL 03-3267-6864　FAX 03-3267-6867
印刷・製本　日経印刷株式会社

アンケートにご協力ください
 https://www.ask-books.com/support/

## やってみよう！・Check📖

# 答 え

## 1

▶問題 p.17

1）a　2）b　3）b　4）a

## 2

▶問題 p.18

1）c　2）a

## 3

▶問題 p.19

1）a　2）b

## 4

▶問題 p.19

1）b　2）a　3）b　4）b

## 5

▶問題 p.21

1）a　2）a　3）b

## 6

▶問題 p.21

1）a　2）a　3）b

## Check 📖

▶問題 p.22

1）を皮切りに

2）ならでは

3）からして

4）とあって

## 7

▶問題 p.27

1）c　2）a　3）d　4）b

## 8

▶問題 p.28

1）a　2）b　3）a　4）a

## 9

▶問題 p.29

1）a　2）a　3）b　4）a

## 10

▶問題 p.30

1）b　2）b　3）a

## 11

▶問題 p.30

1）b　2）b　3）a　4）a

## 13

▶問題 p.32

1）a　2）b　3）b　4）a

## 14

▶問題 p.32

1）a　2）b　3）b　4）a

## 15

▶問題 p.33

1）a　2）b　3）b　4）a

## Check

## 3 昔話を読む 飯食わぬ女房

### 16

▶問題p.39

1）a　2）b　3）b　4）a

### 17

▶問題p.40

1）c　2）a　3）b　4）d

### 18

▶問題p.41

1）a　2）a　3）b　4）b

### 19

▶問題p.42

1）c　2）b

### 21

▶問題p.43

1）b　2）a

### 24

▶問題p.44

1）a　2）b

### 25

▶問題p.45

1）a　2）a　3）a　4）b

## Check

### 27

▶問題p.49

1）b　2）a　3）d　4）c

### 28

▶問題p.50

1）a　2）b　3）b

### 30

▶問題p.51

1）a　2）b　3）a

### 31

▶問題p.52

1）a　2）a　3）b

## Check

## 4 実用書を読む<br>上司との付き合い方

### 35

▶問題 p.59

1）a　2）a　3）a　4）a
5）b

### 37

▶問題 p.60

1）a　2）b

### 38

▶問題 p.61

1）a・a　2）b・b　3）b・b
4）a・a

### 39

▶問題 p.62

1）b　2）a　3）b

### 40

▶問題 p.62

1）a　2）a　3）b

## Check 📖

▶問題 p.63

1）にひきかえ
2）ともなると
3）に則して
4）をおいて
5）をおいても
6）であれ
7）もさることながら

### 41

▶問題 p.65

1）b　2）a

### 42

▶問題 p.66

1）c　2）d　3）a　4）b

### 43

▶問題 p.67

1）a　2）a　3）c

### 44

▶問題 p.68

1）a・a　2）b・b　3）a・a

### 45

▶問題 p.69

1）a　2）a

## Check 📖

▶問題 p.69

1）までもない
2）ないまでも
3）いかんによって
4）のいかんにかかわらず
5）といったところ
6）といい・といい

## 5 ドラマのシナリオを読む<br>転職

### 46

▶問題 p.74

1）b　2）a　3）a　4）b

## 47

▶問題 p.75

1）d　2）a　3）b　4）c

## 49

▶問題 p.77

1）d　2）a　3）b　4）c

## 50

▶問題 p.78

1）a　2）a　3）b　4）a

## 51

▶問題 p.79

1）a　2）a　3）b　4）b

## 52

▶問題 p.79

1）a　2）b　3）b　4）b

## 53

▶問題 p.80

1）b　2）a　3）a　4）a

### Check 📖

▶問題 p.81

1）だけに

2）をいいことに

3）ならまだしも

4）にもほどがある

5）べくして

6）といおうか

7）以前に

8）か

## 55

▶問題 p.84

1）b　2）d　3）a　4）c

## 57

▶問題 p.85

1）d　2）a　3）b　4）c

## 60

▶問題 p.87

1）b　2）a　3）b

### Check 📖

▶問題 p.88

**1**

1）に越したことはない

2）にたえない

3）ならいざしらず

4）ようものなら

5）ないものか

**2**

1）a　2）b

## 61

▶問題 p.90

1）b　2）a　3）b　4）a

## 62

▶問題 p.91

1）a　2）b　3）a

## 64

▶問題 p.93

1）取材

2）子ども

3）節電

4）病気

### Check 📖

▶問題 p.93

1）といったところ

2）怒るに怒れない

3）仕事とはいえ

4

▶問題p.118

1）b　2）a

## Check 📖

▶問題p.119

**1**

1）ときたら

2）じゃあるまいし

3）にすれば

4）それまでだ

5）までのことだ

6）ものを

**2**

1）b　2）a　3）b　4）a

▶問題p.121

1）c　2）b

▶問題p.122

1）a　2）b　3）b

▶問題p.123

1）a　2）a　3）b

## Check 📖

▶問題p.124

1）にしたところで

2）まくった

3）ようにも

4）ったらありゃしない

5）みせます

## 8 小説を読む 楽園の萌花 らくえん もえか

▶問題p.130

1）聞く・聞いて

2）見る・見て

3）する・して

4）待つ・待って

▶問題p.132

1）a　2）c　3）d　4）b

▶問題p.132

1）a　2）a　3）b　4）a

▶問題p.133

1）a　2）c　3）c

▶問題p.135

1）a　2）b

▶問題p.136

1）c　2）d　3）a　4）b

## Check 📖

▶問題p.137

**1**

1）をものともせず

2）べく

3）かたわら

4）ともなく

**2**

1）a　2）a　3）b　4）a

## 96

▶問題 p.139

1）春
2）謎（なぞ）
3）言い訳（わけ）
4）脅迫（きょうはく）

## 97

▶問題 p.140

1）a　2）b　3）b　4）a

## 98

▶問題 p.141

1）a　2）b　3）b　4）a

## 99

▶問題 p.141

1）b　2）a　3）a

## 101

▶問題 p.143

1）b　2）a　3）d　4）c

## 105

▶問題 p.145

1）a　2）b　3）b　4）a

## 106

▶問題 p.146

1）b　2）a　3）b

### Check 📖

▶問題 p.147

1）や否や（いな）
2）ごとき
3）と思いきや
4）だにせず
5）だに

6）を限りに
7）んがため
8）めいた
9）ごときに
10）かねる

## 9 講演を聞く
# トリアージ

## 108

▶問題 p.154

1）命
2）真相（しんそう）
3）存続（そんぞく）
4）福祉（ふくし）

## 109

▶問題 p.155

1）b　2）a　3）a

### Check 📖

▶問題 p.156

1）ようによっては
2）にあって
3）からある
4）にかかわる

## 10 論説文を読む（ろんせつぶん）
# 前衛書道（ぜんえい）

## 112

▶問題 p.161

1）b　2）a　3）b　4）b

## 119

▶問題 p.165

1）不本意（ふほんい）
2）危険
3）不可解（ふかかい）

4）単純

▶問題 p.167

## 121

▶問題 p.167

1）証明する
2）呼ぶ
3）発表する
4）任せる

## 123

▶問題 p.168

1）c　2）a　3）d　4）b

## Check 📖

▶問題 p.169

1）ゆえに
2）なくして
3）のみ
4）相まって
5）べくもない
6）にたる
7）にあるまじき
8）にかたくない
9）でなくてなんだろう
10）禁じえない
11）極まりない
12）べからず
13）ずにはすまない

---

まとめの問題

# 答え・スクリプト

## 1　ニュースを読む　オクトーバーフェスト

▶問題 p.23

**問題 1**

| 1 | **1** | 2 | **4** | 3 | **4** | 4 | **1** |
|---|---|---|---|---|---|---|---|
| 5 | **4** | 6 | **4** | 7 | **3** | | |

**問題 2**

| 1 | **2** | （1→4→**2**→3） |
|---|---|---|
| 2 | **4** | （2→3→**4**→1） |
| 3 | **3** | （1→4→**3**→2） |

**問題 3**

| 1 | **1** | 2 | **2** | 3 | **1** | 4 | **4** |
|---|---|---|---|---|---|---|---|

**問題 4**

| 1 | **2** | 2 | **1** |
|---|---|---|---|

🎧 CD 03

テレビの番組でリポーターが話しています。

M₁：今晩は。今年も花火のシーズンになりました。この番組でも東京を皮切りに新潟、秋田に至るまで東日本の花火大会を追いかけて参ります。

　さて、私は今、東京隅田川の会場におります。今日は、250年以上の歴史がある花火大会とあって、多くの見物客でにぎわっています。今年は例年にもまして浴衣を着た人が目立ちますね。また、船に乗って、花火見物をする人も多く見受けられます。

F：花火に浴衣か。いいなあ、船から見る花火。一回は見てみたいな。

M₂：のんびりうちでビール飲みながら、テ

レビで見るのが一番だよ。これが我が家ならではの花火見物だよ。

F：え～。やっぱり生で見たいよ。会場で見ようよ。

M₂：来年な。混んでなかったらな。

F：混んでない花火大会なんてあるわけないじゃない。

1 どうして隅田川の花火大会を見に行く人が多いと言っていますか。

2 女の人は今、どこにいますか。

## 2 スピーチを聞く 産業医を増やそう

▶問題p.35

### 問題1

| 1 | 1 | 2 | 4 | 3 | 3 | 4 | 2 |
|---|---|---|---|---|---|---|---|
| 5 | 2 | 6 | 3 | 7 | 1 | | |

### 問題2

| 1 | 3 | （4→1→**3**→2） |
| 2 | 2 | （4→3→**2**→1） |
| 3 | 3 | （2→4→**3**→1） |

### 問題3

| 1 | 1 | 2 | 3 | 3 | 2 | 4 | 2 |
|---|---|---|---|---|---|---|---|
| 5 | 3 | | | | | | |

### 問題4

| 1 | 4 | 2 | 1 | (CD 05) |

ボランティア活動のリーダーが参加者に話をしています。

M₁：海外での1か月にもわたるボランティアに参加される皆様には、心から敬意を表したいと思います。ここで私からお願いがあります。

何よりも皆さん自身の健康を第一に考えていただきたい。特に初めて参加される方は、頑張りすぎるきらいがあります。気持ちはわかりますが、体調を崩せ

ば、入院や途中での帰国を余儀なくされることもあります。何をするにも、健康あってのことです。どうかそれを忘れないでください。

それから、無断で写真やビデオを撮らない、子どもたちに勝手にプレゼントをあげない、など、現地の方との関わり方については資料に書いてある通りです。

支援する側、される側ではなく、仲間として一緒に活動する気持ちがあれば、うまくいくと思います。まあ、言葉の心配、食べ物の心配などもあるかと思いますが、とにかく元気なら何とかなります。皆様のご活躍を願ってやみません。

F：なるほどね。気をつけよう。自分が上みたいな態度じゃ失礼だよね。写真なんかも、人の生活なのに物や風景みたいに撮られたら嫌だと思うし。

M₂：うん、まあ、常識と言えば常識かな。自分が嫌なことは相手にもしないってだけだと思う。それより、自分の健康だね。

F：そっちは心配してないけど。国内でも同じことだから。

M₂：そう？ 海外だと疲れていても気がつかないとか、もう少しって頑張っちゃうとかありそうだよ。僕も旅行のときに経験あるけど。

F：旅行ならともかく、1か月以上だからね。無理はしないと思うよ。

M₂：そう。まあ、お互い頑張ろうね。

1 リーダーが一番伝えたいことは何ですか。

2 この女の人は何に気をつけると言っていますか。

9

## 昔話を読む
# 飯食わぬ女房

▶問題 p.55

## 問題1

| 1 | **4** | 2 | **3** | 3 | **4** | 4 | **1** |
| 5 | **2** | 6 | **1** | 7 | **4** | 8 | **4** |

## 問題2

1 **2** （4→3→**2**→1）

2 **3** （2→4→**3**→1）

3 **4** （2→1→**4**→3）

## 問題3

1 **1**　　2 **1**

## 問題4

**1**

1 **3**　　2 **3**　🎵CD08

ラジオから子ども向けの昔話が流れています。

M₁：ある日、猿と蟹が散歩をしていると、おいしそうなおむすびが一つ落ちていた。

蟹はおむすびを見つけるが早いか、自慢の大きなはさみでさっと拾いあげた。

それを見た猿は、もう一つ落ちていないか、一生懸命探しながら歩いたが、おむすびはおろか、ご飯粒すら落ちていない。

結局、猿が拾ったのは、固くて小さな柿の種が一つだけだった。

猿は、少し考えてこう言った。

「ねえねえ、蟹さん。そのおむすびと、この柿の種を取りかえてあげるよ。おむすびは、食べてしまったら、もうおしまいだろう？ でも柿の種は、植えれば、そのうち芽が出て木になるから、柿の実がなったら、いくらでも食べられるよ」

蟹は、それもそうだと思い、おむすびと柿の種を取りかえた。猿は、蟹からおむすびをもらうなり、あっという間にむしゃむしゃと食べてしまった。

M₂：やっぱり猿は賢いね。柿の種を植えることを考えるなんて。

F：蟹がかわいそう。だまされちゃったんだね。

M₂：ちっともかわいそうじゃないよ。柿ができればたくさん食べられるじゃないか。

F：そうかなあ。蟹だっておなかがすいてたんだよ、きっと。猿は自分のことしか考えてないよね。柿の種なんていつ芽が出るかわからないよ。

1 昔話の中で柿の種はどのように移動しましたか。

2 男の子は猿についてどう思っていますか。

**2**

1 **1**　🎵CD09

M₁：きのうの試合見た？ まさかあんなところで逆転されるとはなあ……。

M₂：1 ほんと、予想できなかったよ。
　　 2 ほんと、予想通りだったね。
　　 3 ほんと、予想できたよ。

2 **3**　🎵CD10

M：おい！ 一体いつまでかかってるんだ！ 遅すぎるぞ。

F：1 はい、もちろん明日までかかります。
　 2 いいえ、私なりにやってしまったんです。
　 3 すみません。自分なりに頑張っているんですが……。

3 **1**　🎵CD11

M：え?! 薔薇？ そんな漢字、日本人ですら書けないよ。

F：1 そんなに難しい字なんですか。
　 2 外国人なら書けますね。
　 3 日本人しか書けないんですね。

## 4 実用書を読む　上司との付き合い方

▶問題 p.70

### 問題1

| 1 | **3** | 2 | **3** | 3 | **2** | 4 | **2** |
|---|---|---|---|---|---|---|---|
| 5 | **1** | 6 | **2** | 7 | **3** | 8 | **1** |

### 問題2

1 **4** （2→1→**4**→3）

2 **3** （4→1→**3**→2）

3 **2** （3→4→**2**→1）

### 問題3

| 1 | **3** | 2 | **1** | 3 | **2** | 4 | **1** |
|---|---|---|---|---|---|---|---|

### 問題4

1 **3** 🎧CD14

F：高級ホテルともなると紅茶の味まで違うね。

M：1　本当だ。紅茶じゃないよ。
　　2　本当だ。期待してたのに……。
　　3　本当だ。おいしいね。

2 **2** 🎧CD15

F：毎日会えないまでも、メールくらいはくれるよね。

M：1　うん、毎日会ってくれるよね。
　　2　うん、メールするよ。
　　3　うん、会えるうちにね。

3 **2** 🎧CD16

M：次のキャプテン、田中をおいて他にはいないだろう？

F：1　はい、田中君はおいてきました。
　　2　うん、やっぱり田中君だよね。
　　3　うん、田中君はいないよ。

## 5 ドラマのシナリオを読む　転職

▶問題 p.94

### 問題1

| 1 | **1** | 2 | **4** | 3 | **3** | 4 | **2** |
|---|---|---|---|---|---|---|---|
| 5 | **2** | 6 | **3** | 7 | **1** | | |

### 問題2

1 **2** （4→3→**2**→1）

2 **1** （2→4→**1**→3）

3 **3** （4→2→**3**→1）

### 問題3

| 1 | **1** | 2 | **2** | 3 | **2** | 4 | **4** |
|---|---|---|---|---|---|---|---|

### 問題4

| 1 | **2** | 2 | **4** |
|---|---|---|---|

### 問題5

1 **1** 🎧CD20

M：その企画書、早く完成させるに越したことはないけど、もう10時だよ。

F：1　じゃあ、あとは明日にします。
　　2　10時に完成じゃ早すぎますね。
　　3　明日じゃ間に合わないんですか。

2 **3** 🎧CD21

F：忙しさにかこつけて、家事の分担、さぼらないでよ。

M：1　暇なんだからしょうがないでしょ。
　　2　だって、かっこいいでしょう？
　　3　でも、ほんとに忙しいんだよ。

3 **2** 🎧CD22

M：あ〜、下手だなあ。見ちゃいられない。それ、ちょっと貸して。

F：1　そう、手伝ってあげるよ。
　　2　えっ、手伝ってくれるの？
　　3　じゃあ、私が借りてみるね。

4　3　🎧CD23

F：うわっ、この部屋、汚いにもほどがあるんじゃないの？

M：1　昨日掃除したからね。
　　2　部屋ならあるけど。
　　3　日曜に掃除するよ。

5　3　🎧CD24

M：ここの桜、満開まであと1週間といったところかな。

F：1　ああ、満開になったところですか。
　　2　まだ、1か月もあるんですか。
　　3　じゃあ、お花見は来週の日曜日ぐらいかな。

## 6　スピーチをする
## 研修を終えて

▶問題p.104

### 問題1

| 1 | 4 | 2 | 2 | 3 | 1 | 4 | 4 |
|---|---|---|---|---|---|---|---|

| 5 | 3 | 6 | 1 |
|---|---|---|---|

### 問題2

| 1 | 1 | （2→3→1→4） |
|---|---|---|
| 2 | 1 | （2→3→1→4） |
| 3 | 4 | （1→2→4→3） |

### 問題3

| 1 | 2 | 2 | 4 | 3 | 3 | 4 | 1 |
|---|---|---|---|---|---|---|---|

### 問題4

2　🎧CD26

新しい社長は、まず何をすると言っていますか。

M：えー、本日をもちまして、社長に就任いたしました上田です。我が社は今、経営が厳しい状態です。今は我が社の得意分野に集中し、経営を安定させなければなりません。広げすぎた事業は整理しますが、社員を減らすことは考えていませ

## 7　社内で話す
## さすが本田君

▶問題p.125

### 問題1

| 1 | 2 | 2 | 4 | 3 | 2 | 4 | 1 |
|---|---|---|---|---|---|---|---|

| 5 | 4 | 6 | 3 | 7 | 3 | 8 | 3 |
|---|---|---|---|---|---|---|---|

### 問題2

| 1 | 4 | （2→1→4→3） |
|---|---|---|
| 2 | 4 | （2→3→4→1） |
| 3 | 2 | （4→3→2→1） |

### 問題3

| 1 | 2 | 2 | 1 | 3 | 4 |
|---|---|---|---|---|---|

### 問題4

1　1　🎧CD29

M：1人で道わかる？　送ろうか。

F：1　子どもじゃあるまいし、大丈夫よ。
　　2　1人じゃあるまいし、大丈夫よ。
　　3　大人じゃあるまいし、大丈夫よ。

2　3　🎧CD30

F：わあ、新しい機械ね。使い方、教えてほしいなあ。

M：1　え？　使い方を教えたいの？
　　2　でも、教えたかったよねえ。
　　3　教えたところで、忘れるんじゃないの？

3　3　🎧CD31

M：うちの会社ときたら、まったくもう〜。

F：1　え？　何時に来たの？
　　2　へえ、よかったね。
　　3　え？　どうしたの？

M：この雪じゃ会社へ行こうにも行けないよ。

F：1 じゃあ、休んだら？

　　2 うん、行こう。

　　3 え？ 行けた？

---

**8** 小説を読む　らくえん　もえか
**楽園の萌花**

▶問題 p.148

## 問題1

| 1 | **4** | | 2 | **1** | | 3 | **3** | | 4 | **2** |
|---|---|---|---|---|---|---|---|---|---|---|
| 5 | **4** | | 6 | **2** | | 7 | **1** | | 8 | **4** |

## 問題2

| 1 | **4** | （3→2→**4**→1） |
|---|---|---|
| 2 | **1** | （3→2→**1**→4） |
| 3 | **4** | （3→1→**4**→2） |

## 問題3

| 1 | 3 | | 2 | 2 |
|---|---|---|---|---|

## 問題4

1

| 1 | 3 | | 2 | 3 | 🎵CD35 |
|---|---|---|---|---|---|

学校の説明会で先生が話しています。

M₁：本日は、当校の説明会にご参加いただきありがとうございます。当校は、寿司職人を育成する調理専門学校です。先日、テレビで取り上げていただいてからというもの、問い合わせもこれまでの5倍以上に増え、うれしい悲鳴をあげております。

　　寿司職人は、今や、海外でも将来性抜群の職業として注目されておりますが、特にヨーロッパでは本物の寿司を握れる職人が圧倒的に不足しています。これは、昔ながらの修業では、一人前になるのに10年以上かかることもあったからです。

そこで当校では、1年間で本格的な寿司職人を養成するコースを作りました。現役の学生さんでも大学へ通うかたわら、技術を習得するべくがんばっている方もいらっしゃいます。

F：よさそうじゃない？ 1年で職人になれるし、外国で働くチャンスもありそうだし……。

M₂：今まで何年も修業が必要だったのが、本当に1年で大丈夫かな。

F：コースもちゃんとしているみたいだし、大丈夫よ。

M₂：そうかなあ。でもねえ……。あ、っていうか、君、料理したことないんじゃない？ 生の魚とか触れるの？ それに、外国行くんだったら、言葉もやらないと……。

F：うーん、魚かあ。フランス語にはちょっと自信あるんだけどなあ。

1 学校への問い合わせが増えたのはなぜですか。

2 男の人がこの専門学校の勉強に不安を持っているのはどんなことですか。

2

| 1 | 3 | 🎵CD36 |
|---|---|---|

M：もしもし、試験の結果を教えていただきたいんですが……。

F：1 電話でお答えいただきます。

　　2 電話でお答えしたまでです。

　　3 電話ではお答えしかねます。

| 2 | 1 | 🎵CD37 |
|---|---|---|

M：いやあ、春めいてきたね〜。

F：1 ほんと、コートいらないね。

　　2 もう、春も終わりかあ。

　　3 そろそろ、セーター用意しなきゃ。

13

## 9 講演を聞く
### トリアージ

▶問題 p.157

**問題1**

| 1 | 3 | | 2 | 2 | | 3 | 4 | | 4 | 3 |
|---|---|---|---|---|---|---|---|---|---|---|

| 5 | 1 | | 6 | 4 |
|---|---|---|---|---|

**問題2**

1 **2** （1→3→**2**→4）

2 **1** （3→2→**1**→4）

3 **1** （3→4→**1**→2）

**問題3**

| 1 | 2 | | 2 | 1 |
|---|---|---|---|---|

**問題4**

1 **3** 　　2 **2** 　（CD39）

テレビで、ある科学者がエネルギー問題について話しています。

M₁：エネルギーの確保は、我々の将来にかかわる重要な課題です。石油に代わるエネルギーが求められる時代にあって、新しいエネルギーの開発が急がれております。

日本でも、ヨーロッパにならって、太陽光発電や風力発電などが導入されていますが、気候も地形も異なる日本では限界があります。

日本に合ったエネルギーということで、今私が最も注目しているのはメタンハイドレートです。これは「燃える氷」と呼ばれていて、その量は日本で使われる天然ガスの約96年分からあるんです。これを利用しない手はないでしょう。

F：「燃える氷」かあ……。いいよね。上手くいけば、石油なんていらないんじゃない？

M₂：うーん。でも、それって上手くいけばの話だよね？ 実際はどうなんだろう？

F：え～。でも、試す価値はあると思うよ。

M₂：まあ、そうかもしれないけど、こういう問題は、なかなか難しいよね。

1 この科学者が最も注目しているエネルギーは何ですか。

2 この2人は科学者の意見についてどう思っていますか。

## 10 論説文を読む
### 前衛書道

▶問題 p.170

**問題1**

| 1 | 4 | | 2 | 1 | | 3 | 2 | | 4 | 3 |
|---|---|---|---|---|---|---|---|---|---|---|

| 5 | 1 | | 6 | 3 | | 7 | 2 | | 8 | 2 |
|---|---|---|---|---|---|---|---|---|---|---|

**問題2**

1 **4** （2→3→**4**→1）

2 **1** （3→2→**1**→4）

3 **1** （2→4→**1**→3）

**問題3**

| 1 | 1 | | 2 | 3 |
|---|---|---|---|---|

**問題4**

**3** 　（CD41）

ラジオで作家がインタビューに答えています。

F：早速ですが、最新作『正しく不安がる』について、いろいろお聞きしたいんですが……。

M：はい。

F：まず、この『正しく不安がる』というタイトルですが……。

M：一言で言うと「他人任せにして安心するべからず」ということです。

F：他人任せ……？

M：情報化社会って、都合よく操作された情報も少なくないんですよ。だから、正しい情報を手に入れるって、実は難しいんです。

F：なるほど……。

M：情報を受ける方にも責任があります。与

えられた情報のみで簡単に安心してしま
うのは、危険極まりないことなんです。

F：確かにそうですね。

男の人は情報についてどう言っていますか。

1 操作して安心させるべきだ

2 責任を持って送るべきだ

3 簡単に信じるべきではない

4 単純に不安がるべきではない